LE PÈRE DAIRE

HISTOIRE
CIVILE, ECCLÉSIASTIQUE ET LITTÉRAIRE
DU

DOIENNÉ DE FOUILLOY

ANNOTÉE ET PUBLIÉE

PAR ALCIUS LEDIEU

OUVRAGE ORNÉ DE PLANCHES HORS TEXTE

PARIS
ALPHONSE PICARD ET FILS, LIBRAIRES
82, rue Bonaparte, 82
MCMXI

HISTOIRE

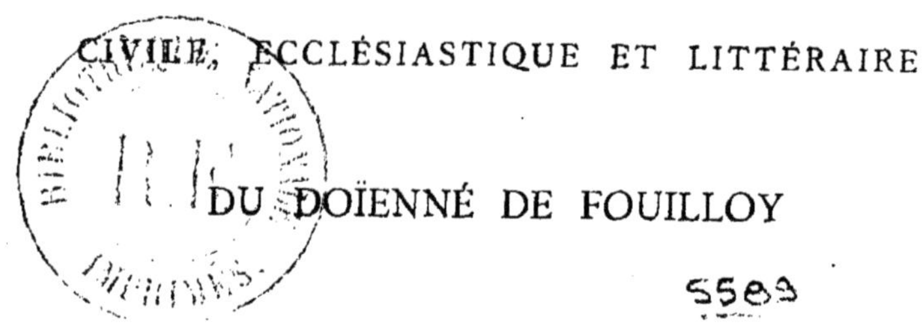

CIVILE, ECCLÉSIASTIQUE ET LITTÉRAIRE

DU DOÏENNÉ DE FOUILLOY

LE PÈRE DAIRE

HISTOIRE

CIVILE, ECCLÉSIASTIQUE ET LITTÉRAIRE

DU

DOÏENNÉ DE FOUILLOY

ANNOTÉE ET PUBLIÉE

PAR ALCIUS LEDIEU

PARIS
ALPHONSE PICARD ET FILS, LIBRAIRES
82, rue Bonaparte, 82
M CM XI

HISTOIRE

CIVILE, ECCLÉSIASTIQUE ET LITTÉRAIRE

DU DOÏENNÉ DE FOUILLOY

Dom Jacques Fortel, bénédictin, avoit travaillé en 1753 à l'histoire de la ville et de l'abbaye de Corbie. Il avoit exécuté son projet jusqu'au XIIIe siècle, mais ses supérieurs l'aiant transféré à Vendôme, il offrit son manuscrit[1] à l'abbé Valart, et l'on ne sait ce qu'il est devenu depuis. Au défaut de ce secours, on a puisé dans les meilleures sources.

Ce volume servira à appuier le sentiment des savans qui ont avancé que les auteurs qui ont gardé l'anonyme dans les siècles précédens étoient des moines qui nous ont donné, tant en vers qu'en prose, des légendes, des histoires de translation de reliques et quelques sermons.

CORBIE

(Chef-lieu de canton, 4299 hab.)

Corbie [a], *Corbeia* est une ville du Santerre située au 200e degré 10 minutes 28 secondes de longitude et au 49e degré 54 minutes 32 secondes de latitude. Elle est bâtie près du confluent de la rivière d'Encre et de la Somme, à 4 lieues est d'Amiens, 8 ouest de Péronne et 30 nord de Paris. C'est une fable que le sentiment de ceux qui remontent son origine au temps de *Corbeus,* chef des Beauvaisiens. Elle a pris son nom dans le septième siècle de la rivière que les titres nomment *Corbeia annis.* L'abbaye y attira des cultivateurs et d'autres métiers qu'on appella *Corbiois, Corbean* et *Corbeiens.* Cet endroit s'étoit agrandi considérablement, car Guillaume le Breton, liv. 2 de sa Philippique, la représente en 1184 comme un grand bourg, une bonne ville avec un château, dans lequel il y avoit plusieurs ponts sur la Somme et sur la rivière de Corbie. Les Normans, qui le brûlèrent l'an 859, s'emparèrent de nouveau de ce poste en 879, mais, à l'approche de Louis, frère de Carloman, ils se retirèrent avec précipitation. Plus entreprenans en 881, ils tuèrent une partie des habitans et mirent le reste en

a. Corbie, voir le Supplém. des *Affiches de Picardie,* 1775, n° 32.

fuite [a]. Ces excursions fréquentes déterminèrent l'abbé à faire entourer ce lieu de murailles l'an 907 ; il paroit même par les chartes qu'on y construisit un château. Ces deffences n'empêchèrent point le comte Herbert de détruire la ville et de ravager les environs en 922. Le territoire n'eut pas moins à souffrir l'an 943, de la part d'Isambard et Vermund. Le 1er août 1137, le feu consuma la plus grande partie de la ville. Philippe, comte de Flandre, après avoir passé la Somme, l'investit des deux côtéz de la rivière en 1182 ; il prit d'assaut le fauxbourg muré qui regardoit la France [b]. Une partie de ceux qui s'y trouvoient fut passée au fil de l'épée, le reste se retira dans la ville, rompit le pont de communication et se disposa à s'y deffendre vigoureusement avec le renfort d'un corps de troupes qui s'étoit jetté dans la place. Mais le comte, désespérant de s'en rendre maître, prit le parti de décamper. En qualité de seigneur temporel, l'abbé Hugues de Vers fit réparer les murs et le peu de fortifications qui les couvroient, vers l'an 1543, et fit élever dix-huit tours à peu près à égale distance. L'argent nécessaire pour cette opération se prit sur le tonlieu de la ville et sur un impôt accordé par le roi de Bourgogne, qui possédoit cette place en 1417, s'y rendit avec le comte de Saint-Pol, son neveu, et, l'année suivante, elle rentra sous l'obéissance du roi [c]. Les Bourguignons et les Armagnacs l'attaquèrent de nouveau en 1431, mais les habitans, commandez par Jean d'Humières et Avieux de Griboval et encouragez par l'abbé Jean de Lyon, les obligèrent de se replier [d]. Les Bourguignons la reprirent en 1435 et la gardèrent par le traité d'Arras [e]. Le roi la racheta en 1463.

a. Sigeberti, *Chron.*

b. Daniel, *Hist. de France.* [Paris, 1765. 17 vol. in-4°. T. IV, p. 20.]

c. *Continuat. de la Chron. de Flandre.* [Lyon, G. Roville, 1562. In-fol. pp. 256-268.]

d. Monstrelet [*Chronique*, publ. par Douët-d'Arcq. Paris, 1857-1862. 6 vol. in-8°. T. IV, p. 139.]

e. Du Haillan. [Bernard de Girard, sieur du Haillant, *Histoire générale des rois de France.* Paris, 1615. 2 vol. in-fol.]

Deux ans après, le roi la leur remit de nouveau. Louis XI, profitant, en politique raffiné, de l'éloignement des troupes du duc de Bourgogne, s'en empara le 11 mai 1475 [a]. La capitulation portoit que les possessions des habitans seroient conservéez, mais les soldats, auxquels se joignirent les Amiénois, enlevèrent ce qu'ils trouvèrent, détruisirent les fortifications, et le feu qu'ils y mirent n'en laissa que six maisons voisines de l'abbaye [2]. Dans le conseil tenu au mois d'août 1513 à Amiens, Louis XII en avoit délibéré de démanteler Corbie, mais les Amiénois s'y opposèrent et firent connoître qu'il étoit aisé de la mettre en état d'empêcher l'ennemi de pénétrer dans le Sangterre par la Somme [b]. L'avis fut suivi. Cette ville étoit alors non seulement fort peuplée, mais aussi très riche et florissante. Elle étoit bien fortifiée lorsqu'elle commença à décroître considérablement par la peste et la famine qui l'affligèrent en 1524 [c]. C'étoit une barrière de la France et le théâtre ordinaire de la guerre. On augmenta les fortifications en 1557. Après le siège de 1562 par les Ligueurs qui la prirent, on en fit de nouvelles en 1589 et l'abbaye y contribua. Dans le courant de cette année, la noblesse des prévotez de Beauquéne, Fouilloy et Doullens s'assembla icy en faveur de la Ligue par ordre du duc de Mayenne. Charles d'Humières, lieutenant de roi en Picardie, l'enleva à la Ligue [d] le 7 octobre [3] après avoir mis le pétard à la grille d'un canal que les régimens de Saint-Denis et de Parabère escaladèrent à la faveur de la glace; la garnison fut passée au fil de l'épée et la ville pillée. On y trouva une grande quantité de munitions de guerre et de bouche. Les Anglois y entrèrent en 1592, maltraitèrent l'abbé et se retirèrent. Les Espagnols, pendant le séjour d'Henry IV à Saint-Quentin, s'en emparèrent l'an 1595 par

a. *Mém. de Commines.* [Livre IV. chap. III.]
b. La Morlière. [*Les Antiquitez de la ville d'Amiens.*]
c. On lit dans la chronique mss. de Corbie : « *De marleo gaudebat medicus, de morte sacerdos.* »
d. Davila. [*Histoire des guerres civiles de France...* Paris, P. Rocolet, 1644. In-fol. p. 843.]

le moien d'un nommé Parabère [a]. Les princes soulevés contre le maréchal d'Encre la possédoient en 1615 et, comme la garnison incommodoit beaucoup la ville d'Amiens, ce favori éleva deux forts pour s'opposer à ces courses et la tint par ce moyen comme bloquée ; il s'empara même de la ville la même année.

Les Espagnols, duement informez que les fortifications étoient negligéez et en mauvais ordre, sachant en outre qu'on y manquoit même de munitions, s'approchèrent le 7 août 1636 et s'en rendirent maîtres par surprise le 16. Les mémoires du temps font croire que plusieurs de ceux qui étoient dans la place se laissèrent corrompre par promesses ou par argent [b]. En effet, le premier jour du même mois, le chevalier de Monteclair, qui deffendoit un moulin avec 30 mousquetaires, disputa avec avantage le passage de Bray à l'ennemi, qui se saisit de celui de Sailly sur Somme. De son côté, François de Jussac d'Ambleville, seigneur de Saint-Preuil, passa quelques jours après la Somme à la nage et se jetta dans la ville dans l'intention de s'y maintenir. Ce fut en vain. La garnison ne se deffendit qu'autant qu'il en falloit pour faire douter de la trahison, et Saint-Preuil, qui voulut rompre la capitulation, manqua d'être tué par les habitans. Aussi Scaron, dans le second chant de sa *Gigantomachie,* après avoir représenté Vulcain, qui conseille aux dieux de mettre des grilles au ciel pour empêcher les géants d'y entrer, ajoute-t-il : [c]

Ainsi quand Corbie fut pris,
On dit que quelques bons esprits
Ordonnèrent qu'on fit des grilles
Pour se garantir des soudrilles
Du redoutable Jean de Vert
Qui les avoit pris sans vert.

a. Reg. de la ville d'Am.
b. *Mercure françois.*
c. Corbie, Mss. de Colbert, n° 6763 p. 17.

Cet événement, qui laissoit aux Espagnols la liberté de faire des courses impunément dans toutte la Picardie, fut un coup de foudre pour Paris, qui crut voir l'ennemi à ses portes. La consternation y fut si grande que la ville leva sur le champ vingt mille hommes à ses frais, et que l'intrépide cardinal de Richelieu voulut quitter le ministère [a].

Louis XIII ne tarda point à trouver le moien de réparer cette perte. La place étoit à peine investie lorsque Philippe Carette et Michel Patou, nez à Albert, [b] Louis et Charles de Bouzoisdemets, père et fils, natifs de Fouilloy, Romain Dethez, Jean Piez, Philippe de Sapigny, Henri Dupré, Pierre Debrie, Nicolas Michel, tous du même lieu, et Antoine de Luynes, du village d'Aubigny, après s'être embarquez à Amiens, mirent pied à terre au bacq de Dours, brûlèrent le moulin la nuit du 16 au 17 septembre, et, après s'être emparés de la demi-lune nouvellement réparée pour couvrir la porte de l'Image, ils passèrent au fil de l'épée tout ce qui s'y trouva. Ces braves patriotes, secondez par 40 à 50 soldats, étoient commandez par les sieurs de Beaufort [4] et de Razilly [5]. Philippe de Savigny, déguisé sous l'habit espagnol, eut la témérité de s'introduire plusieurs fois dans la place et dans l'armée ennemie et, chaque fois, il rendoit un compte fidèle des mouvemens qui s'y faisoient. Ses compagnons s'emparèrent encore de trois moulins d'acier qu'ils trouvèrent dans le bois de la Houssoye. Par lettres patentes donnéez au camp de Demuin au mois d'octobre, confirmées par celles du 13 janvier 1641, S. M., voulant récompenser leur bravoure, leur accorda les privilèges de la noblesse pour eux et leur postérité mâle et femelle. Ces lettres ont été enregistréez en la Chambre des comptes le 17 décembre 1640, à la Cour des Aides le 13 janvier sui-

a. D'Avrigny. [Le P. Hyacinthe Robillard d'Avrigny, *Mémoires chronologiques et dogmatiques pour servir à l'histoire ecclésiastique depuis 1600 jusqu'en 1716*. Paris, 1739. 4 vol. in-12.]

b. Titres chez les demoiselles Locquet.

vant, au bureau des finances d'Amiens le 13 juillet et à l'élection le 23.

Le roy, qui s'étoit rendu à son armée au mois de septembre, prit pour son logement le château de Demuin et fit ouvrir le siège au commencement d'octobre. Les assiégez commencèrent par brûler le village de Fouilloy et, faute de moulins suffisans, ils étoient contraints de piler le bled à force de bras dans des mortiers. La place étant investie par 40,000 hommes, fut bientôt entourée de retranchements, de forts, de ponts et de fossez capables d'empêcher l'entrée des secours. Quoique faibles du côté du midi, les murailles étoient inaccessibles à cause de l'avantage du lieu. La porte de Fouilloy étoit couverte d'une demi-lune revêtue de gazon. Il y en avoit une autre en face de la même porte près de laquelle étoit un boulevart. Le canal de la Somme étoit deffendu du côté du levant par deux demi-lunes et un bastion à deux flancs que deffendoient également deux tours rondes. Du côté du nord, sur la colline, qui a 600 pas de haut, s'élevoit un bastion, une demi-lune et un ouvrage à corne qui répondoit à l'autre angle de la ville bâtie en forme triangulaire. Près de là se trouvoit une autre demi-lune au bas de laquelle passoit un bras de la rivière d'Encre. Du côté du couchant, un marais et la même rivière servoient de deffense naturelle à laquelle on avoit joint quatre demi-lunes avec leurs fossez et chemins couverts. Un autre fossé plein d'eau et large de 20 pieds avoisinoit la contrescarpe et, pour le deffendre, il y avoit deux remparts, l'un au dehors, l'autre au dedans de la ville avec des parapets, le tout garni d'artillerie. [a]

Les assiégez rompirent les trois ponts sur la Somme et, la nuit du 26 septembre, on leur enleva l'ouvrage à corne; le 2 octobre, la tranchée fut ouverte du côté de la porte

a Deville, *Obsidio Corbeiensis.* [Paris, 2637. In-fol.]

de Fouilloy. Les jours suivans furent employez à la construction d'un pont du côté d'Aubigny pour la communication des quartiers du camp, à se fortifier par des ouvrages de terre, à achever la circonvallation et le fort d'Orléans, ainsi qu'à une seconde circonvallation depuis le fort de Châtillon jusqu'à la rivière d'Encre et aux forts de Chartres, de Richelieu et du Hallier. Pour favoriser les convois, qui venoient d'Amiens, on fit un fort à Dours et, du côté de celui d'Orléans, on éleva celui de Saint-Louis. Le 22, les assiégez écrivirent un billet au prince Thomas-François de Savoye ; il contenoit ces mots : *Fiat misericordia tua, Domine, super nos, quemadmodum speravimus in te.* Ce billet fut intercepté. On emporta le 3 novembre la demi-lune du côté de Fouilloy. Les assiégez, affligez de maladie épidémique, étoient alors réduits à manger les chevaux, les chiens et les chats, et, voiant qu'ils attendoient inutilement du secours, ils capitulèrent le 10 et le gouverneur dit en sortant qu'il rendoit la place en meilleur état qu'il ne l'avoit trouvée. Après la sortie de la garnison, la circonvallation fut rasée, les brèches réparées et la ville munie de tout le nécessaire. On n'y voioit alors qu'un désordre affreux. Touttes les maisons étoient à jour, les autres édifices renversez. Les habitans, décharnez, mutilez, portoient presque tous sur leur figure une pâleur mortelle.

Par la déclaration du roi du 14 novembre 1639, les habitans qui seroient trouvez coupables de s'être livrez à l'ennemi de concert avec ceux qui commandoient dans la place furent déclarez criminels de lèze majesté au premier chef et, comme tels, ordonné que leurs biens seroient confisquez, leurs personnes saisies, leur procès fait. S. M. priva la ville des privilèges, immunitez, franchises, de la mairie et échevinage. Le même édit comprend les religieux de l'abbaye qui, ainsi que la plupart des autres, ont été depuis déclarez innocens et purgez de toute inculpation. Par arrêt du Conseil d'État du 11 mars 1638, il n'y eut que le gouverneur que le cardinal de Richelieu fit condamner à être écartelé par quatre chevaux et la sentence fut exécutée en effigie [6].

1638, la ville, où il ne restoit pas 100 habitans, fut rétablie dans ses privilèges et exemptions.

Louis XIV, dont les conquêtes avoient reculé nos frontières, la fit démanteler en 1673 et, depuis cette époque, elle est devenue déserte de plus en plus. Un ancien rôle porte à 22.000 hommes le nombre des habitans, réduit actuellement à 1.400 [7].

De la Commune et Échevinage

Ce fut le roi Louis le Gros qui, l'an 1123, en accorda et confirma le droit aux habitans du consentement de l'abbé, qui opposa pour condition que ceux qui étoient au service ou qui faisoient les affaires de l'abbaye resteroient libres et ne donneroient rien pour la commune. Malgré cette charte, les habitans restoient assujettis aux abbez. Mais, en 1180, Philippe-Auguste attacha à la commune ceux de Corbie, de Fouilloy et du village des Prez, malgré les ordonnances contraires des rois ses prédécesseurs [a]. Quiconque demeurera dans l'étendue de la banlieue, ajoute ce monarque, fera notre service envers la commune. Ceux qui y tiennent des fiefs rendent ce qu'ils doivent au seigneur. Personne n'y pourra bâtir de forteresse sans notre permission. Si quelqu'un a des différens avec un homme de la commune, celui qui demande justice ne sortira point de la ville. Si quelqu'un de la commune se rend coupable envers nous hors de la banlieue, nous ne pouvons pas l'attirer hors de la banlieue pour plaider sa cause, mais il sera jugé dans la ville devant nous ou nos préposez à l'arbitrage des échevins à qui le jugement en appartient. Les habitans de la commune se deffendront mutuellement. Malgré les oppositions de l'abbé,

a. Mss. de du Cange. Bibl. du roi.

à qui cette charte étoit prejudiciable, le roi la confirma de nouveau en 1182, ainsi que ses successeurs en 1189, 1190, 1225, 1234 et 1247. La commune jouissoit tranquillement de la justice comme le prouve un arrêt de 1281, mais l'abbaye, jalouse de rentrer dans ses anciens droits, acheta du consentement des habitans moiennant 6000 l. parisis la cession du village de Wailly, diocèse de Soissons et la juridiction temporelle l'an 1310 et les droits de la commune avec l'agrément de Philippe le Bel qui s'y réserva des droits en temps de guerre et dans les cas de nécessité [a]. Deux ans après, l'abbé fit abbattre le beffroy [8] et institua un prévôt séculier à la place du maire, et les habitans s'y opposèrent inutilement. Ils se soulevèrent en 1357 et mirent à leur tête Gilles de Blangy pour forcer l'abbé d'abandonner les procez qu'il avoit contre eux et certains lieux qu'ils prétendoient appartenir à la commune. Ce chef, muni de l'autorité de Guy de Luxembourg, comte de Saint-Pol, força les prisons, en fit sortir les criminels et fit beaucoup de dégâts sur les terres de l'abbaye.

Les habitans, persuadés depuis longtems que la principale cause de la décadence de la ville venoit de ce qu'elle avoit été gouvernée dans tous les temps par des officiers municipaux attachez et dévouez à l'abbaye et aux intérêts du seigneur-abbé qui les nommoit, se pourvurent par-devant S. M. pour obtenir, conformément à l'arrêt du Conseil d'État du roi du 21 novembre 1747, des lettres patentes en forme de provisions pour les seize offices réunis à leur communauté et se mettre en droit par ce moien de se choisir eux-mêmes des officiers zélez pour le soutien des intérêts de la ville, et ils l'obtinrent par lettres patentes dattéez du 8 septembre 1759 et enregistréez au bailliage d'Amiens le 18; malgré l'opposition du seigneur, les habitans obtinrent le provisoire et l'affaire fut renvoiée à la grande direc-

a. Mss. de du Cange.

Cl. E. Detaille

Hôtel de Ville de Corbie

Cl. E. Detaille

L'abbaye de Corbie avant la Révolution

tion des finances pour être jugée. La nomination des officiers municipaux se fit par tous les habitans assemblez le 21 décembre et chacun s'empressa de témoigner sa joie par des illuminations, des feux, le bruit de la mousqueterie et les cris d'allégresse.

Par ordonnance du conseil des dépêches en date du 1er novembre 1761, Sa Majesté veut qu'il soit procédé *suivant l'usage et forme ordinaire à l'élection des officiers municipaux,* c'est-à-dire que tous les ans, au mois de décembre, il soit présenté au grand prieur de l'abbaye par les maire et échevins en exercice une liste de trois notables bourgeois pour choisir un maire ou prévôt et de douze principaux bourgeois pour faire choix de quatre échevins, et que la dite liste, signée par les maire et échevins, soit envoyée par le grand prieur au seigneur abbé comte de Corbie, qui nomme en cette qualité les officiers municipaux.

L'hôtel de ville est composé d'un maire juge de police, quatre échevins, un procureur du roi, un greffier, un receveur des deniers patrimoniaux et d'octroi, un héraut d'armes, trois sergens portant la livrée de la ville, un juré crieur dont la charge a été réunie à la communauté qui en a paié la finance. Tous les ans, le 26 décembre, sur le réquisitoire du procureur du roi, les échevins s'assemblent à l'hôtel de ville où, en présence du maire, ils font l'estimation des chapons et autres denréez dues par les censitaires, et c'est sur cette estimation que le seigneur de Corbie et plusieurs autres des environs doivent se régler pour la perception de leurs droits.

Guillaume de Becourt laissa au chapitre d'Amiens une rente à prendre sur la communauté de Corbie.

En 1194, la commune portoit sur ses drapeaux un corbeau peint en mémoire, dit l'auteur de la Chronique mss., d'une expédition dont ils s'étoient tirez glorieusement; c'est vraisemblablement celle du temps de Louis le Gros où, conjointement avec les Amiénois et les Beauvaisins, ils firent face à l'empereur Othon et couvrirent le roi de leurs corps, comme le dit l'abbé Suger.

Le dernier décembre 1650, le roi accorda à l'échevinage, pour faciliter l'acquit de ses dettes, la perception d'un impôt sur la bière, l'eau-de-vie, le bois, les bateaux chargez et 2000 l. sur les villages du gouvernement pour l'achat du bois et des chandelles des corps de garde. *(Reg. de l'élect. d'Am.)* [9]

Les marchands de cette ville avoient dans la grande halle de Paris la seconde (?) part. Les habitans, au nombre de 2060, ont pour ressorts le bailliage d'Amiens et l'élection de Doullens.

Des Chatelains, des Capitaines et des Gouverneurs

Par un titre de 903, il paroit qu'il y avoit dès lors un château dont Charles le Simple donna le gouvernement à l'abbé sous l'agrément duquel personne ne pouvoit y commander. Le châtelain avoit la moitié des droits que percevoit l'abbaye sur les boulangers et les cordonniers, sur le droit de tonlieu que paioit chaque particulier et la moitié de ce qu'ils donnoient pour leur réception. Il étoit le cinquième avoué de l'abbaye dont il tenoit la châtellenie en fief par 10 l. de relief et le manteau chambellan. Il étoit investi par l'anneau d'or de l'abbé.

Le premier dont les titres font mention en 1064 se nommoit Valderic.

Dreux prenait le même titre en 1137.

Raoul de Campdavesne paroit en 1186; il eut pour successeur Guy Campdavesne, sire du Plessier qui, l'an 1258, vendit la châtellenie et ses dépendances à l'abbaye, qui la réunit à son domaine le 20 novembre. *(Du Cange, Recueil D.)*

Le sire de Monsaut fut envoié l'an 1360 par le régent pour deffendre la place contre les Anglois qui la menaçoient.

Charles de Contay y commanda pour le duc de Bourgogne jusqu'au 11 mai 1475, temps auquel il la rendit aux François par capitulation.

Robert de Saveuse en étoit capitaine en 1480.

Jean de Humières, seigneur de Bequencourt, prenoit le titre de gouverneur en 1495. (Anselme, *Grands Offic.)*

Pierre de Belleforière en 1496. *(Ib.)*

Jacques de Lameth, seigneur de Saint-Martin, fils d'Antoine et de Jacqueline de Hennencourt, marié à Marguerite de Flandre, signe comme capitaine en 1518. Il mourut le 11 juin 1541.

George de Béthune, chevalier, seigneur d'Ostel et de Treny, vicomte de Chavignon, paroit lui avoir succédé.

Hector de Bourbon, chevalier, vicomte de Lavedan, eut la garde de la ville contre l'armée angloise en 1523.

Le comte de Dommartin était capitaine en 1527. *(Chronique mss. de Louis Bresin, t. I, Bibl. du roi.)*

Charles de Belleforière succéda à son père en 1556.

Jean de Monchy, seigneur de Senarpont, se rencontre en qualité de capitaine l'an 1557, et, cette année, Louis d'Ongnies, comte de Chaulnes, fut chargé de garder la ville.

Jean de Pisseleu, seigneur de Heilly, Ribemont et autres lieux, chevalier de l'ordre du roy, mourut le 8 juin 1584 à l'âge de 57 ans. Il repose dans l'église des Minimes d'Amiens.

Ponthus de Belleforière, chevalier de l'ordre du roi, eut le gouvernement en 1569 et fut tué l'an 1590 en deffendant la place.

Christophe de Lannoy, seigneur de Laboissière, succéda jusqu'en 1597 en récompense de la manière dont il s'étoit signalé à la reprise de la ville. *(Reg. de la ville d'Am.)*

... D'Estourmel[10] resta depuis 1598 jusqu'en 1601, temps auquel paroît le sieur de Plainville.

... De Mouy, seigneur de Riberpré, paroît en 1615 ; il y fut placé par le maréchal d'Encre, contre lequel il se déclara par la suite en faveur du duc de Longueville.

Godefroy de Belleforière, seigneur d'Itres, second fils de Ponthus, vers 1618.

René, baron de Mailly, troisième du nom, fils de Thibaut et d'Antoinette, dame de Soyecourt, occupoit cette place en 1630; il mourut l'an 1695 âgé de 85 ans.

Michel Mitte de Miolens[11], marquis de Saint-Chaumont, mort en 1649, commandoit dans la place immédiatement avant.... [Charles d'Escoubleau] marquis de Sourdis, qui se rencontre en 1632.

Maximilien de Belleforière, marquis de Soyecourt, eut le gouvernement jusqu'à la reddition de la ville au prince Thomas en 1636. Ses ennemis l'aiant accusé d'avoir livré la place aux Espagnols, le conseil de guerre tenu à Amiens le condamna par contumace à perdre la tête, mais, en 1643, il fut pleinement lavé de tout soupçon d'infidélité.

Caupigene, sergent major, remplaça le gouverneur espagnol tué d'un coup de bombe pendant le siège, et le comte de Bossus[12] s'introduisit immédiatement dans la place, dont il prit le commandement.

Antoine de la Mothe, marquis d'Houdancourt, paroît en 1641. Il étoit lieutenant général des arméez du roi lorsqu'il mourut le 28 febvrier 1672[13].

Antoine, marquis de la Mothe-Houdancourt, succéda à son père et mourut le 11 juillet 1696[14].

Claude de Rohan, comte de Nanteuil, étoit gouverneur en 1670. Louis de Bains, chevalier, seigneur de Lanchere et d'Aubigny, paroît l'an 1676 en qualité de lieutenant pour le roi. Après la démolition des fortifications, le gouvernement fut réuni à celui d'Amiens le 17 janvier 1675.

Eugène-Marie-Éléonore de Bethisy, chevalier, marquis de Mezières, posséda ce gouvernement. Voiez l'*Histoire d'Amiens*, p. 137 et 179; ses successeurs sont repris p. 137, 173 et 179.

L'abbaye continue de donner au gouverneur l'honoraire de 500 l. qu'elle donnoit au capitaine.

Les villages qui composent ce gouvernement sont repris dans la carte gravée. *Ib.*, p. 172.

DU GRENIER A SEL, DES FERMES DU ROI, BUREAU DES POSTES, FOIRES, MARCHÉZ, MESSAGERIES, POIDS ET MESURES

Le grenier à sel consiste en un président, un grènetier, un contrôleur, un procureur du roi, un greffier, un procureur de la ferme, un premier et un second huissiers audienciers et un receveur. Les appels vont à la cour des Aides. Ce grenier est en partie de vente volontaire et en partie d'impôts.

Il y a pour les fermes du roi un receveur et un controleur des traites, un controleur des actes, un receveur des vingtièmes, un receveur et un controleur des aides, un distributeur du papier timbré et un procureur fiscal collecteur des tailles et capitation.

Un postillon qui arrive d'Amiens les dimanches, mardis et jeudis, repart le lendemain. Il en arrive un autre les mêmes [jours] d'Albert et d'Harbonnières.

Un messager va à Amiens et en revient les mardis, jeudis et samedis. Il passe et repasse aussi à Corbie touttes les semaines un chariot de Cambrai à Rouen.

Il se tient deux foires : le 30 juin et le 21 septembre ; un marché franc le dernier lundi de chaque mois, un marché ordinaire chaque samedi. Dès le mois de décembre 1547, le roi accorda un autre franc marché qui se tenoit le second mercredi de chaque mois [15]. *(Reg. du bail. d'Am.)*

Le poids de 14 onces à la livre. L'aune est communément celle de Paris ; on ne se sert de celle de Corbie, dont 5 font 3 de Paris, que lorsqu'on vend des toiles grises aux francs marchéz. Le journal de terre est de 100 verges, la verge de 20 pieds, le pied de 12 pouces. Quatre setiers de grains en font cinq d'Amiens, mais la mesure des grains de mars est plus petite d'un vingtième que celle d'Amiens. L'appréciation des différens grains se fait sur celle d'Amiens.

HISTOIRE ECCLÉSIASTIQUE

L'abbaye de Saint-Pierre, la plus célèbre de la province [a], fut fondée par chartres de sainte Bathilde, régente du roiaume, mère de Clotaire III, de l'an 657 et 6 septembre 662. Elle est de l'ordre de Saint-Benoit, congrégation de Saint-Maur et immédiate du Saint-Siège et à la nomination du roi depuis son érection en commande. On l'appelle la vieille Corbie pour la distinguer de la nouvelle, qui est en Saxe, laquelle s'est formée par des moines détachéz d'icy sous le règne de Louis le Débonnaire. Les religieux reçurent la règle de Saint-Benoit et celle de Saint-Colomban. Les chœurs se succédoient continuellement dans l'église et l'on y chantoit sans interruption. Aussi les moines étoient-ils en singulière vénération. En 817, c'étoit un des quatorze monastères qui devoient au roi des présens et le service militaire *(Concil. t. XXI).* On regardoit le monastère en 1194 comme la maison du Seigneur et comme un second paradis terrestre, mais où personne n'étoit tenté de toucher à la pomme : *Aula Dei et alter pardisus sinè concupiscentiâ pomi.* La réforme de Saint-Maur s'y introduisit en 1619. Ce lieu n'est pas moins célèbre par les grands hommes qui en sont sortis. La fameuse école et le savoir profond de ceux qui en eurent la

a. On finira cette notice par un extrait de la chartre qui se trouve dans le *Gallia christiana* (in instr., t. X, p. 1194) sur l'abbaye de Corbie et ses belles mouvauces.

... *Quantæ enim nobilitatis fuerit locus ille, non silet antiquitas, nec etiam Sanctorum Patrum credi dignior auctoritas... Tantâ si quidem claruit dignitate, religione, et etiam rerum, oppidorum, villarum possessione, quod nulla eidem ecclesiæ similis in regno inveniebætur...*

conduite en firent l'azile des sciences comme il l'étoit des vertus [a]. Dans le VIIIe siècle, Pascase Ratbert, Adhalard le Jeune, Hildemande et Odon, évêques de Beauvais, Warin ou Guarin, abbé de Corvei en Saxe, Saint-Anschaire, archevêque de Hambourg, et Witmar en furent les élèves les plus distinguéz *(Acta ss. ord. S[ti] Bened.)*; elle forma dans le IXe Ratramne et Chrétien Druimar sous la direction de Pascase Ratbert et d'Anschaire. Cette école tomba vers l'an 826 entre les mains d'un nommé Macaire, Hibernois de nation, qui, s'écartant de la manière solide d'enseigner, y sema des subtilitéz philosophiques assez ordinaires à ceux de son païs. Malgré cela, il s'y forma dans la suite plusieurs missionnaires habiles qui portèrent les lumières de l'Evangile dans les païs septentrionaux. Tels furent Witmar et Gislemar. Le Xe siècle en vit sortir Valbert, évêque de Noyon, Ingelran de Cambrai, et plusieurs autres prélats y puisèrent leur savoir. Saint Ethelvad, abbé en Angleterre, en tira, l'an 946, des hommes habiles dans les lettres et le chant ecclésiastique. La bibliothèque contenoit quantité de mss. déposéz depuis dans celle de Saint-Germain des Préz, et le pape Alexandre III consentit à la levée d'un revenu pour le bibliothécaire.

L'avouerie et la vicomté avoient de tout temps appartenu à l'abbaye, mais, dans le XIe siècle, Gautier, comte d'Amiens, dans le désir de s'agrandir, s'en empara et les transmit à Dreux, seigneur de Boves et de Coucy, père d'Enguerran, comte d'Amiens. (Bignon, *in Marculhum.)*

Enguerran, l'an 1079, transigea à ce sujet avec l'abbé Nicolas, qui lui céda une partie des droits.

De l'abbaye dépendent le Bois-l'Abbé, la cense de Ver avec ses dépendances, celle de Hollemotte, paroisse de Saint-Etienne, le droit de pêche en la rivière de Sergny,

a. *Hist. litt. de la France.*

Chipilly et Morcourt, droit de grand et petit tonnelieu dans Corbie.

Tous les hommes libres relevoient de la justice de l'abbaye. Les boulangers devoient chaque dimanche un pain d'un denier, et le dimanche suivant un autre pain d'une obole. Chaque particulier donnoit chaque semaine, pour droit de tonlieu, un pain d'une obole, 2 s. le jour de saint Jean-Baptiste, 18 deniers le jour de saint Remi pour jouir de la liberté de faire du pain, 2 s. le jour de la purification. A leur réception, ils devoient deux setiers de vin. Le jour de la Saint-Jean, les bouchers donnoient deux moutons et les marchands de poissons, 16 d. Depuis l'Avent jusqu'à Noël, les cordonniers devoient deux paires de souliers de cuir de vache, autant depuis la mi-carême jusqu'à Pâques, et autant dans le mois d'août, et l'abbaye ne leur paioit que deux deniers par paire.

En 1238, les biens de ceux qui mouroient sans avoir testé étoient dévolus à la communauté.

L'abbaye a droit de pêche sur les deux rivières depuis leur embouchure dans la Somme en remontant jusqu'à la rivière de Mericourt. Par un titre du 19 février 1391, elle est exempte du droit de travers et de pontenage à Pequigny; par un autre, elle devoit gite au roi [a].

Le titre de fondation donne à la communauté toutte justice sur ses vassaux. Les dix pairies de l'abbaye sont Avesnes, Boves, Brunelieu, Heilly, Moreuil, Morcourt, Pequigny, Ribemont, Septenville et Warloy.

Les officiers claustaux étoient le grand prieur, official de l'exemption et vicaire général de l'abbé, un prevot, un trésorier, un chantre, un official, un censier, un célerier des eaux, un de la cuisine et un infirmier. L'official, établi à la fin du XIIe siècle, avoit un promoteur, un scribe et un appariteur. Par les constitutions synodales de l'an 1341, il doit

a. Regist. de la C. des Comptes.

visiter chaque année les églises de la jurisdiction de l'abbaye, instruire les paroissiens, s'informer des mœurs des ministres et de quelle façon les chapelles sont desservies ; il a le droit d'absoudre des cas reservéz à l'abbé. Les curéz lui doivent chacun 2 s., les simples bénéficiers, 12 d. en venant au synode [a]. Son sceau, au milieu du XIIIe siècle, portoit d'un côté un corbeau posé sur deux clefs croiséez surmontées d'une fleur de lys avec ces mots : *Sigillum offic. S. Petri Corb.*, et, sur le revers, une main tenant deux clefs surmontées de la même fleur, avec cette légende : *Claves S[ti] Petri.* Il donne les saintes huiles, et fait tout ce qui concerne le spirituel dans l'étendue de cette cour ecclesiastique [16].

La jurisdiction temporelle s'exerce dans toutte la comté par un bailly choisi par l'abbé et la communauté ; il se qualifie bailli de la ville et comté, et sa justice subalterne est ressortissante au bailliage d'Amiens. Sous lui sont un lieutenant, un procureur fiscal, un substitut, un greffier, un sergent à verges et quatre à masse ; — par un prévot annuel chargé de la police qui autrefois gardoit les clefs des portes de la ville. L'abbaye a encore la garde du beffroy, dont elle paie le guetteur. Les armes anciennes de l'abbaye étoient une crosse d'azur accompagnée de deux clefs de gueules, le tout en fond d'or. Elle porte actuellement d'azur à trois fleurs de lys d'or, à un écusson d'or et deux clefs de gueules mises en sautoir, au baton d'abbé d'argent mis en pal sur le tout, et au corbeau de sable en pointe du côté gauche, l'écu couronné.

L'église, sous le nom de Saint-Pierre et de Saint-Paul, est la première et la plus considérable des trois qui furent construites dans l'enceinte de l'abbaye. Bertefride, évêque d'Amiens, la dédia l'an 670 en présence de treize autres prélats [b]. Cet édifice, consumé par les flammes l'an 1021-

a. Mabillon, *Diplomatiq.*
b. *Annal. bened.*

1022, fut entièrement rétabli au bout de 30 annéez. Le même accident arriva le 1er août 1137 et de nouveau 15 ans après. L'édifice actuel fut élevé dans le dernier siècle sur des fondemens jettez en partie dès 1500, et l'on y célébra la messe pour la première fois le 29 juin 1698. Ce temple très vaste, mais dont le portail est peu solide, est orné dans l'intérieur de grilles superbes et d'un orgue excellent. La sculpture du chœur, exécutée par Cressent, est, pour la figure, l'ornement et les lions des stalles, ce qu'il y a, peut-être, de mieux dans la province.

Vers l'an 1190, l'autel de Saint-Léonard fut érigé en paroisse par l'abbé; elle n'a point de limites certaines; Gentelles en étoit, de même que Bettencourt-le-Noir et le Blanc. Ceux qui sont au service de l'abbaye et qui n'ont point de domicile au dehors en sont tous, ainsi que les malades de l'hôpital et les prisonniers, par décision de l'abbé Grenier, dattée de 1301. L'abbé en a le patronage de plein droit.

La chapelle de Saint-Denis est réunie à la cure.

Celle de Sainte-Croix, ditte Triboullart.

Celle de Sainte-Croix, ditte Tourelles ou Thorel, du patronage de l'abbé, laquelle vaut 110 l.

Celle du même nom, ditte Henriette.

Celle de Saint-Fiacre, renseignée dans des provisions du 9 mars 1478.

Celle du Saint-Sepulchre, *ib.* 4 mars 1478.

Celle de Soyecourt, fondée l'an 1297 par Hues, sire de Soyecourt et Franviller, qui en assigna le revenu sur 108 journaux de terre à Franviller [a] et qui se dessert en la chapelle de N.-D., ont le même patron. Cette famille y avoit sa sepulture.

Le trésor, dont une machine curieuse fait jouer les portes des armoires, est considérable par le grand nombre de reliques, de cristaux et de différens émaux anciens qu'il ren-

a. La Morlière. [*Recueil de plusieurs nobles et illustres maisons...* Paris, 1642, p. 295.]

2.

ferme. On y admire surtout une mitre à fond de perles fines et enrichie d'un grand nombre de pierres précieuses, entre autres de plusieurs agathes-onis gravéez d'une grandeur considérable et très belles. Le détail de ce dépôt seroit immense. On se bornera à dire que les reliques principales sont le corps de S. Gentien, donné l'an 893 par Otger, évêque d'Amiens [a]. Le 2 mai, jour de la translation de ce saint, fête célèbre à Corbie dès le XIe siècle; l'affluence des peuples étoit si grande que, pour satisfaire à leur dévotion, on laissoit les portes de l'église ouvertes, et l'on mettoit des gardes pour empêcher le désordre. La veille, après vêpres, un certain nombre de vassaux de l'abbaye y venoient en cavalcade, tenant chacun à la main une corne de bœuf creuse que l'officier de la dépense remplissoit de vin. Ils ne paioient qu'une demi-censive annuelle de ce qu'ils tenoient du monastère. C'étoient les plus anciens tenanciers des biens en roture mouvans de l'abbaye, et leur redevance s'appelloit le *caret de Saint-Gentien;* la fête, à cause de cette cérémonie, s'appelloit la *fête aux cornets;* elle s'abolit insensiblement. Quelques côtes de Saint Pierre, donnéez l'an 800 par Charlemagne, qui les portoit partout avec lui dans un reliquaire nommé la prime de Saint-Pierre parce que c'étoient les premières reliques que l'on possédoit de cet apôtre. Le corps de saint Gebard, celui de saint Precorz apporté dans le Xe siècle de Wailly près de Soissons. Ceux des saintes Agrippine, Laurence et Lidru. On y garde aussi le missel de saint Éloy, évêque de Noyon.

Dans cette église, desservie par un nombre considérable de moines, on chantoit jour et nuit les louanges du Seigneur sans discontinuité, et l'on y fit le premier usage de la musique l'an 986. *(Act. ss. ord. S[ti] Bened.).* Pendant la première semaine du mois d'août, on menoit les novices et les étudians en récréation dans une maison de campagne.

a. *Gallia Xiana.* [T. X. col. 1160.]

L'intérieur de l'ancien monastère avoit ses beautéz. L'évêque Bertefride le bénit l'an 662 en présence de trente prélats. En 907, on l'entoura de murailles et de tours afin d'arrêter les excursions fréquentes des Normans. Le réfectoire, dont l'architecture est très hardie et délicate, fut construit vers l'an 1275. Vers la fin du XIIe [siècle], le cloître et le palais abbatial, incendiéz en 1152, furent rebâtis.

Près de ce palais étoient deux chapelles de la Vierge à la nomination de l'abbé.

Celle de Saint-Louis, du même patronage, obligeoit le chapelain à célébrer la messe en présence de l'official, du promoteur, du scribe et de l'appariteur les deux jours de saint Nicolas en hyver et en été, ainsi que le jour de sainte Catherine, et, chaque quinzaine avant l'audience de l'officialité, et il la disoit dans le palais.

Celle de Saint-Lucien, bâtie en 1291, a servi depuis de chapitre.

Celle de Sainte-Bathilde, près le chapitre, fondée le 7 octobre 1401 par l'abbé Raoul, est chargée d'une messe quotidienne. L'abbé en est collateur ainsi que de celle de Saint-Paul.

La nouvelle maison, magnifiquement reconstruite à neuf, occupe une partie des remparts et coupe la communication des fauxbourgs.

Des Abbez-comtes, Seigneurs de Corbie et de la comté.

Ce comté et ses dépendances aiant été confisquéz sur Guntland, qui les possédoit, retournèrent au fisc après sa mort, arrivée vers l'an 655. Le roi Clotaire et sainte Bathilde, sa mère, en firent présent le 6 septembre 662 à Theofroy ou Theodefride, pour lors abbé, et à ses religieux. De son côté, Bertefride, évêque d'Amiens, céda le 8 des ides de septembre l'an 663 des droits qu'il y pouvoit avoir; il consentit qu'elle relevât immédiatement du Saint-Siège et deffendit à ses successeurs d'y exercer aucune jurisdiction. L'abbé, dès lors, jouit d'une jurisdiction presque épiscopalle avec les titres de comte-seigneur temporel et spirituel de la ville et du comté. Il est le chef de cette exemption, le grand-prieur en est le grand-vicaire-né par le concordat; il y a en outre un official, un promoteur et un grand pénitencier, un secrétaire, un greffier et un appariteur.

Louis le Débonnaire permit à l'abbé de battre monnaie à l'usage de ceux qui iroient à la Terre sainte, et, l'an 913, Évrard, qui occupoit cette place, fit des règlemens en conséquence. Les procéz se jugeoient en sa cour, et l'argent qui se trouvoit après la mort des faux monnayeurs lui appartenoit. Ce droit de battre monnaie fut confirmé de nouveau par Philippe-Auguste en 1185, au mois de mars; et l'abbaye communiquoit ce droit à l'avoüé de Péquigny. Hermoin et

Godart usurpèrent dans le xe siècle la qualité de comtes et commirent plusieurs excèz. Après eux, Gautier, comte d'Amiens, s'en empara ainsi que de la vicomté et transmit l'un et l'autre à Dreux de Boves; mais Arnoul, comte de Flandre, aiant peu après rendu la ville au roi Philippe, le monarque rétablit l'abbé dans ses droits, et, par accord du 23 février 1079, Engueran, fils de Dreux, s'arrangea et transigea avec l'abbé Foulques et la communauté [a]. Par un des articles, les parties convinrent d'exercer conjointement la justice dans la ville envers les séculiers.

L'abbé étoit élu par la communauté comme le prouve un titre de 855, et le roi Louis le Jeune ne crut pas devoir ôter cette liberté aux religieux en 1172, quoiqu'il eut le dessein de procurer cette place à un de ses parens.

Outre sa jurisdiction dans la ville, l'abbaye l'exerce également sur quatre paroisses de sa dépendance à la campagne; elle a aussi des droits sur la rivière de Somme [b].

En 1267, la manse abbatiale fut séparée de celle de la communauté.

Par bulle de Célestin III, de l'an 1197, l'abbé n'est obligé de répondre qu'aux rescritz émanéz du Saint-Siège.

Par celle d'Alexandre III, dattée de 1161, ceux qu'il excommunie ne peuvent être absous par les évêques ; il a le droit de porter la mitre, les sandales, la dalmatique et l'anneau, par la même de Célestin III ; — celui de donner la tonsure à ses clercs, par concession de Grégoire IX en 1234 ; — de donner des ordres mineurs et de se servir d'ornemens pontificaux par bulle de 1238 ; de bénir les vêtemens sacerdotaux, ceux des autels, et donner la bénédiction dans les lieux de sa jurisdiction sans être revêtu pontificalement par celle cy-dessus de Grégoire IX [17].

A son entrée, l'abbé, avant d'être reçu par les religieux,

a. *Annal. bened.*, la Morlière.
b. *Hist. d'Am.*

promettoit, sous serment, et juroit, portant la main sur le livre d'évangiles et sur la vraie croix, d'entretenir le service divin comme cy devant, de ne point [laisser se produire] la diminution du nombre des religieux, de prendre la tonsure et l'habit de l'ordre, de se conformer en tout à ses prédécesseurs, de ne recevoir aucun sujet ni lui donner l'habit sans le consentement de la communauté, de ne retirer aucun étudiant de l'école ni le promouvoir aux ordres sans le même préliminaire ; de ne donner qu'aux proféz de la maison les offices ou bénéfices réguliers ; de n'en donner deux à la même personne hors le cas de nécessité et avec l'agrément de la plus saine partie des capitulans ; d'abandonner au prieur le droit de laisser sortir les moines ; d'instituer trois ou quatre pénitenciers pour les confesser ; de laisser aux officiers l'administration temporelle du revenu de l'église ; de donner après l'inventaire fait chez un religieux mort ses biens et meubles à celui qui lui succèdera dans son hostise à l'exception de l'or et de l'argent qui, après l'acquit des dettes du défunt, seront emploiéz à l'église ; de ne changer ni officier ni religieux sans cause raisonnable et sans l'avis de la communauté, non plus que le bailly et le prévôt ; enfin, de ne vendre ni bleds, ni vins, ni autres meubles sans le consentement des officiers du buffet, qui étoit une espèce de juridiction de l'abbaye. On y passoit les actes. Cet usage avoit commencé lorsqu'il n'y avoit point de notaire, et il a continué longtemps après.

Le dernier article donne à conclure qu'il y avoit des vignobles dans ce canton ; en effet, un auteur anonyme nous apprend que celui du voisinage de Corbie contenoit douze journaux *(bunaria)* de terre et même davantage, ce qui produisoit au delà de 90 muids de vin.

La justice temporelle du comté et du bailliage s'exerce par un bailly, juge de police, un lieutenant, un procureur fiscal, un substitut et un greffier. Philippe-Auguste, voulant, en 1186, connoître l'étendue de son comté d'Amiens, limitrophe de ceux de Corbie, de Flandre et de Ponthieu, fit dresser avec la plus grande exactitude et la plus grande solennité un procez-verbal dont les commissaires délivrèrent copie à chaque intéressé pour la partie qui le concernoit. Il suit de cette opération que le fief de Corbie commençoit à Létoile, d'où il gagnoit Warluis, Warluisiaux, la moitié d'Airaines avec ses dépendances qui, près d'Amiens, alloient à Brebières sur Somme jusqu'à Corbie, Bray, Suzanne, Bazentin, Naours avec ses dépendances et tout ce qui est sur la rivière de Naours de l'un et de l'autre côté, savoir : Wargnies, Canaples, Beauval, Harnas, Havrenas, Warlus, Haloy, Vinacourt, Talmars, Villers, Bertangle, Beauquesne, Sirini, Frechencourt, Baconville et ses dépendances, Branlers et ses dépendances, Festonval et les siennes, Mailly de même, Acheu et les siennes, Heranville, Forcheville, Warloy, Vadencourt, Louvencourt, Beramecourt, Courchelles, Heranguiere, Senlis, Encre, Aveluis, Authieulle et ses dépendances, Auchonvillers et les siennes ; de là, on peut conclure que l'avouerie de Corbie comprenoit tout ce qui dépend de Péquigny au nord de la Somme.

Telle est l'ancienne table chorographique du comté d'après un ancien manuscrit :

Abancourt, Acheux, autrefois Saint-Acheuil, Acheu lez Mailly, Airaines pour la moitié, Alleux, Allonville, Amplier, Applaincourt, Argicourt le Petit, Arguéves, Arviller, Arnancourt ou Armancourt, Aubercourt, Aubigny lez Corbie, Auchonviller, Aveluis, Authieulle, Bacconviller, Bachimont, Bagneux, Baillescourt, Baillon, Baizieu, Bannas, Barlette, Bazentin, Bavelincourt, Bayonviller, Bayempont, Bayencourt, Beaubers, Beaucourt, Beaufort en Santerre, Beaufort près de Fieffes, Beaumets, Beaumont, Beauquéne, Beaurepaire ou Beauregard, Beauvoir, Becordel, Beaucourt, Behencourt, Belle-Eglise, Belloy-sur-Somme, Berlatre en Artois, Bernatre, Bernaville, Berny, Bertangle, Bertaucourt les Dames, Bertaucourt sur la Luce, Bertrancourt, Bertricourt, Beramecourt, Betencourt le Blanc, Betencourt le Noir, Bethisy lez Feuquieres, Bignereuil, Blangy sur Somme, Boisselle, Bonnay, Boucacourt, Boves en partie, Boulan, Bourdon, Bouzencourt, Bouzincourt, Brache, Branlers, Brebiere ou la Motte Brebiere, Bresle, Bretel, Buhiercourt, Buires lez Encre, Buriveu, Bussy les Dours, Bus, Cachy, Caix, Calemont ou Camons, Camps en Amiennois, Canaples, Cachy près Corbie, Candas, Cange (le), Canteleu, Cardonnette, Carnois, Castouith, Cartenoy ou Castenoy a été demembré du comté, Cavermont, Cayeux, Cerisy-Gally, Champ-Bourdeau, Chipilly, Clairfay abbaye, Coigneux, Colincamp, Coisy, Contalmaison, Contay, Corbie, Coing, Coulemelle, Courcelles-au-Bois, Courcelles lez Demuin, Courcelette, Demuin, Dernancourt, Divion, Domart sur la Luce, Domart en Ponthieu, Dours, Encre, Englebelmer, Enguillaucourt, Esbares, Estinehem, Fecans, Ferrieres ou Serrieres, Feuquieres, Festonval et ses dépendances, Fiefs, Fienviller, Flaissieres ou Flesselles, Flichecourt, Forcheville, Fouencamps, Fouilloy prevoté, Franqueville, Fransures, Franviller, Frechencourt, Frecheville, Friencourt ou Fricourt, Frohen le Petit, Gailly, Genville, Gezincourt, Gentelles, Gillaucourt, Glimont, Glisy, Grancourt, Grenier (le) en Amiennois, Guiencourt ou Wiencourt, Hedicourt ou Saint-Sauveur, Halloy, Hamel près Corbie, Hamel sur la rivière d'Encre, Hamelet les Corbie, Hangard, Hangest près Moreuil, Happeglene, Harbonnieres,* , Harponville, Havernas ou Havrenas, Hautevizée, Haye (la), Hebuterne, Hedouville, Heilly,* , Henencourt, Herissart, Heroguières ou Heroguile, Heuzecourt, Hiermont, Hierville, Hornast, Houdancourt, Hourges, Houssoye (la), Ienlieu près Corbie, Ignaucourt la Chaussée, la Mothe près Rivery et la

* En blanc.

Mothe près Divion, la Mothe en Santerre, Lealviller, l'Epine, l'Equipée, Longviller, Louvencourt, Quesnel, Quesnoy,* , Mailly, Mailly le Franc, Maiziere, Mezerolles, Maison, Mamets, Maquefer, Marcelcave, Maizieres, Mastissart, Mayencourt, Meaulte, Mericourt l'Abbé, Mericourt sur Somme, Mez (le) près Contay, Mesnil (le), Milencourt, Miraumont, Mirvaux, Moliens au Bois et au Val, Monchy, Monplaisir, Montalet, Montauban, Montigny, Montonviller, Montrelet, Morcourt, Moreaucourt, Moreuil, Morlancourt, Muserville, Muternoy, Naours, Neuville sous Corbie, Neuvillette, Noyelle, Omericourt, Orville, Oviller, Paillart, Pernoy, Piergot, Plessier-Rosainviller (le), Plouy (le), Poulainville, Pons,* , Posieres, Prouville, Pucheviller, Puisieux au Mont et au Val, Qaerieu, Quesnel, * , Raincheval, Rainneville, Ribeaucourt, Ribemont lez Mailly, Riencourt, Ronquerolle lez Corbie, Rosel (le), Rossignol, Rousieres ou Rosieres, Rubempré, Rumesnil, Sailly-Lauret, Sailly les Hebuterne, Sailly le Sec, Saint-Aubin, Sarton, Saint-Leger, Saint-Ouen, Saint-Thomas des Préz, Saint-Vast en Cauchie, Savieres ou Xavieres, Senlis, Septenville, Seriel, Sery, Sert, Tallemars [ou] Thalemas, Terramesnil, Thenes, Thesy, Thiebval, Tirencourt, Tour (la) du Pré, Touttencourt, Treux, Tronville, Vadencourt, Val-Bernard (le), Val des Maisons, Valvion, Vaquerie, Varennes, Vaux en Amiennois, Vaux sous Corbie, Vauchelles, Verneuil, Vers lez Corbie, Vicogne, Vieuville (la) Vilincourt, Vilecourt, Ville sous Corbie, Villermont, Villers-Bretonneux, Villers-Bocage, Villers aux Erables, Villers le Vert, Vignacourt en partie, Vrely ou Verlye, Wadencourt, Wailly, Warfusée, Wargnies, Warloy, Warluison dit Warbusians, Warlus par moitié, Wiencourt, Witermont, Woignas, Yencourt, Yzeux. De cet exposé, il suit que le fief de Corbie commençoit à l'Etoile avant 1186 et s'étendoit du

* En blanc.

coté d'Amiens depuis Brebieres sur Somme jusqu'à Corbie, et de là jusqu'à Brene, Sezane et Bazentin [18].

Quatorze pairs [19] relevoient de ce comté chacun par 10 l. et le manteau au chambellan, mais cinq seulement, savoir, le seigneur d'Encre, celui de Boves, celui de Pequigny, vidame de Corbie, celui de Bretel et le chatelain de Corbie étoient investis par l'anneau d'or de l'abbé. L'investiture par l'anneau a cessé d'avoir lieu le 10 novembre 1458.

Pour l'exercice de la justice du comté, il y a un bailly, un procureur fiscal, un substitut, un greffier, quatre notaires, trois procureurs et trois huissiers.

Le premier abbé fut *Theodefride* ou Theoffroy [a] que la reine Bathilde fit venir de Luxeu en Bourgogne l'an 662 [20].

Chrodegaire [21] élu l'an 666 vint également de Luxeu et mourut quatre ans après [b].

Erembert [22], moine de Corbie, gouverna jusqu'en 686. Le roi Thierry, en 681, confirma son élection, qui se faisoit alors par les seuls profez de l'abbaye, dont les batimens furent achevez en 672 et brulez peu de temps après.

Sebastien, religieux très versé dans les saintes Ecritures, élu en 687, cessa de vivre l'an 703 [23].

Grimon succéda l'an 703 [c]. Les rois Childebert second et Dagobert 2 lui accordèrent un privilege par lequel aucun juge public ne peut exercer la justice, batir ni percevoir des droits sur les biens du monastère ni sur les habitans de la ville. Charles Martel, informé de ses talens, l'envoia en ambassade à Rome auprès du pape Gregoire 2. Chilperic 2 confirma les privilèges du monastère en 716.

Leodegaire, élu en 726, n'est connu que par l'époque de son décez en 751. Le roi Pepin confirma les privilèges la même année.

a. Theodefride, abbé de Corbie. *Bibl.* de le Long. éd. de 78, n° 11.871. Angilbert, abbé. Ibid., n° 11.888.

b. *Annal. bened.*

c. *Annal. bened.*

Addon obtint en 769 de l'empereur Charlemagne la confirmation des biens du monastère et mourut le 28 décembre 770.

Mordramme, homme éloquent, élu en 771, fit le meilleur usage des revenus de la maison, où le roi des Lombards, Didier, et son épouse furent reléguéz en 774. Se sentant affaissé sous le poids des années, il se déposa de son plein gré [24].

Hadon paraît dans cette place l'an 779. *(Hist. des écriv. des Gaules,* t. 5.)

Adelard, fils de Bernard, frère du roi Pepin, était petit-fils de Charles-Martel et cousin de Charlemagne. Il naquit à Huy, proche Oudenarde. Il prit l'habit monastique à Corbie, dont il fut élu abbé l'an 780. Il ramassa avec soin les livres des anciens. Dans l'espèce d'académie établie par Charlemagne, il mérita le nom d'Augustin par son éloquence et son attachement à la doctrine de ce docteur de l'Église. Les autres particularitéz de sa vie ne sont pas de notre ressort. Il fit en 822 des constitutions pour ses moines, à la tête desquels il faisoit par humilité l'office de jardinier. Ces statuts font connoître qu'il y avoit dans la maison toutte sorte de professions et deux médecins; les gens de métiers étoient deux ouvriers en or ou orfevres, six ouvriers en fer, trois fondeurs, six tailleurs, deux cordonniers ou savetiers, un foulon, des charpentiers, des maçons, des gruriers ou gardiens des bois, un homme occupé à aiguiser le fer, un marchand ou faiseur de papier, des fourbisseurs ou faiseurs de boucliers ou peut-être d'écus pour la monnoie, *seutarii.* Il mourut le 2 janvier 826 [25]. L'Église l'a depuis rangé au nombre des saints. Après deux cents ans de sépulture, son corps fut levé de terre l'an 1036, par Dreux, évêque des Morins, et, dans le quinzième siècle, l'abbé Raoul de Roie le mit dans une châsse d'argent du poids de 80 marcs. La ville où l'on fait sa fête le 2 janvier et le 10 octobre, l'a prise pour son patron. C'étoit, comme le dit son épitaphe, un homme de bonnes mœurs, plein de foy et de charité. Sous son gouvernement, Charlemagne confirma par un diplôme la fondation de l'abbaye. Charles, roi d'Aquitaine, y prit l'habit religieux et fut depuis archevêque de Mayence. De cette maison sortirent par la suite Adelard le Jeune, Batramme, Chretien, Drulmar, Witmar, saint Anschaire, archevêque d'Hambourg, Hildemain et Odon, évêques de Beauvais, et Varin, abbé de Corbie en Saxe.

Wala, surnommé Arsenne, étoit frère d'Adelard, mais d'un caractère bien different. Il avoit un esprit entier, un caractère indomptable, s'entêtoit sans retour; plutôt que d'avouer qu'il avoit failli, il étoit prêt à tout souffrir. Il contribua à la déposition de Louis le Débonnaire, et Lothaire se servit de sa politique pour en imposer aux peuples. Ce personnage, qui joue un rôle considérable dans l'histoire, ne gouverna l'abbaye que pendant l'exil de son frère, et mourut le 31 août 834[26]. Louis le Débonnaire confirma la fondation du monastère en 825.

Heddon cessa de vivre le 24 juin 836.

Isaac, élu la même année, mourut le 9 septembre 843. Charles le Chauve renouvella les privilèges de l'abbaye l'an 840, et donna le village de Velly, *Velliacum,* près de Soissons, avec ses dépendances en échange des possessions qu'avait l'abbaye à Clairmarais par donation de la reine Gerberge[27].

Pascase Ratbert, romain d'origine, naquit à Bazoches, selon les uns, et à Soissons, suivant d'autres[28]. Il étoit coadjuteur de l'abbé lorsqu'il fut élu l'an 844. Le détail de sa vie et les écrits profonds qu'il a laissés appartiennent à l'histoire du Soissonnois. Il est le septième abbé dans l'ordre des diacres. Il avoit abdiqué lorsqu'il mourut le 26 avril 865. Le don des miracles dont il fut doué le fit ranger au nombre des saints. L'évêque Guy fit en 1079 la translation de son corps.

En 846, Pascase avoit fait approuver dans le concile tenu à Paris la fondation de son monastère et la lettre de Bertefride, évêque d'Amiens. Après avoir été rasé, Charles, frère du roi Pépin, fut envoyé dans ce monastère, [a] d'où il s'échappa l'an 854. *(Annal. fuldenses.)*

Odon, élu en 851, avoit été marié avant que d'être moine, et s'étoit distingué à la guerre par sa bravoure. Son état ne lui fit pas oublier sa première profession, car, en 853, il se mit à la tête des religieux et des vassaux de l'abbaye, défit une troupe de Normans qui venoient pour piller ce canton, et leur défaite consola les moines qui avoient été blesséz dans l'action. Le pape Alexandre 3 lui adressa une lettre au sujet du droit de l'archevêque de Reims sur le bourg de Corbie, et le souverain pontife l'engagea à s'en remettre au jugement de l'archevêque de Bourges. *(Collect.* Marten. et Durand., t. 2, p. 924.) Il mourut évêque de Beauvais en 881 [29]. Il est connu par quelques écrits. Le pape Benoit 3 confirma les privilèges en 857, et, la même année, Charles le Chauve donna des métairies.

Angilbert professa la vie monastique à Corbie sous l'abbé Odon et lui succéda l'an 859. Peu après, le roi l'obligea de céder sa place à Trasulfe, mais, au bout de quelque temps, il fut rétabli et mourut le 5 febvrier 890 [30]. *(Hist. litt. de la France,* t. 5.)

Trasulphe, homme très versé dans l'Ecriture sainte, reçut du pape Nicolas une bulle confirmative des privilèges, et mourut le 23 novembre 875 [b]. Carloman, fils de Charles le Chauve, après avoir eu les yeux crevéz pour s'être révolté contre son père, fut renfermé dans l'abbaye d'où ses partisans [31] l'enlevèrent en 873.

Gumert signe comme abbé l'an 876 au concile de Pontigonensis.

a. *Chron. fontanellensis.*
b. Frodoard.

Hildebert étoit savant, d'une piété exemplaire et rigide observateur de la discipline [32]. Il paroit avoir quitté sa place avant sa mort, arrivée le 20 febvrier 884.

Gontier mourut en 890 [a]. Charles le Chauve renouvella les privillèges l'an 877 ; dans la même année, les habitans de Corbie, assembléz par son ordre, lui pretèrent serment de fidélité. On détermina le même jour ce que les hommes libres devoient pour leurs fiefs, quels étoient ceux qui devoient aller à la guerre, et l'on décida que les habitans feroient le même serment à chaque renouvellement d'abbé. On arrêta vers le même temps que ceux qui seroient tiréz du monastère pour monter à des places supérieures, telles que l'épiscopat, n'auroient plus aucuns droits dans la maison. En 879, 81 et 88, le monastère fut pillé par les Normans.

Heilon [33], parut à peine et mourut le 17 août 891.

Francon [34], fils d'Hermenfride, fut élu la même année; il établit des mairies dans les principaux endroits du comté en donnant des domaines en fiefs avec l'exercice de la justice, et les chefs des communes prêtoient serment de fidélité à chaque renouvellement d'abbé. Les moines, on ignore pour quelles raisons, reléguèrent Francon dans les dehors du monastère, deffendirent qu'on l'allât voir, quoiqu'il fût très infirme, et se proposoient de ne point l'enterrer après sa mort; mais Foulques, archevêque de Reims, leur en fit des reproches en 898, [b] leur représenta qu'ils n'avoient aucuns droits de cette nature et leur enjoignit de l'aimer comme leur père. Francon mourut dans sa place au mois de mars 911. Le roi Charles le Simple confirma les privilèges en 901 et le pape Christophore en 906.

Evrard fit battre monnaie [35] et mourut le 21 mars 914.

a. *Histor. des Gaules*, t. 8.
b. Marlot, *Histor. Remensis.*

Bodon eut le chagrin de voir piller le territoire par Robert, comte de Paris, et par Hugues le Grand qui, usurpant le titre d'abbéz, disposoient de tout et partageoient les moines à leur gré. Il mourut l'an 929.

Walbert, [36] grand théologien, gouverna jusqu'en 932, temps auquel il fut évêque de Noyon et de Tournai [a]. Après sa mort, arrivée le 28 décembre 937, il fut inhumé dans la première église.

Bérenger, mort le 13 novembre 942. [37]

Heribald eut beaucoup à souffrir de la part de Raoul de Cambrai, neveu du roi Louis. [38] On rencontre cet abbé dans un titre de 945.

Ratold, d'heureuse mémoire, fit copier le sacramentaire de saint Grégoire et on lui attribue quelques écrits [39]. Après avoir vu le monastère ravagé par les Lorrains commandéz par Aimon et Godard, qui se disoient comtes de Corbie, il mourut le 13 mars 986.

Mingaud [40] ou *Mingard,* élu la même année, fut sacré à Compiègne par l'archevêque de Reims en présence du roi et de la cour. Grand observateur de la règle, il mit la réforme dans la maison et la soutint par une piété exemplaire. Hugues Capet confirma les privilèges en 987. Après avoir eu de grands démêléz avec Gauthier, comte d'Amiens, et Dreux de Boves au sujet de l'avouerie et de la vicomté, il mourut le 12 novembre l'an 1013.

Herbert, qui paroît en 1018, quitta sa place avant sa mort, arrivée en 1033 [41].

Richard, grand réformateur, paroît en 1012. Sur les plaintes qu'il fit l'an 1016 contre Efroy, seigneur d'Encre, avoué et vassal de l'abbaye [b], le roi Robert jugea que, quand il seroit mandé pour sa terre d'Encre à l'expédition du roi, les hommes du monastère n'étoient point tenus à le def-

a. Frodoard.

b. Regist. de la C. des Comptes.

frayer des frais de sa campagne ni l'abbaye obligée à le loger à son retour; qu'il exigeoit mal à propos sous peine d'amende que les habitans de Corbie le servissent dans le cas de quelque querelle entre les hommes de sa garde et travaillassent aux réparations de son château; si l'abbé étoit tenu d'aller à l'expédition du roi, dans ce cas, ajoute le monarque, l'avoué, qui tient son bénéfice de l'abbaye, s'il accompagne l'abbé, ou s'il marche à sa place à la tête des vassaux du monastère, il pourra requérir ses dépens; il ne lui appartient aucun émolument de justice dans l'abbaye que dans le cas où le maire de l'abbé, son prévôt ou lui-même ne soient en droit d'en exiger, alors l'avoué aura le tiers; en outre, il ne mangera dans aucun village de l'abbaye à moins qu'il n'ait été appelé par l'abbé ou par le prévôt du lieu, pour l'utilité du monastère, et il n'obligera aucun des vassaux à venir à son plait ni à paier la moindre chose faute de comparution. Richard mourut au mois d'avril 1048[42].

Après bien des déméléz entre eux, les habitans d'Amiens et ceux de Corbie se jurèrent une amitié réciproque et, pour la cimenter, ils convinrent que le clergé, suivi du peuple des deux villes, viendroient processionnellement avec leurs principales reliques à la moitié du chemin où l'on feroit une station et des prières en commun pour obtenir les faveurs du ciel. Cette procession eut lieu en 1042, sous l'abbé Richard. Le clergé d'Amiens apporta les corps de saint Fuscien et de saint Firmin; le clergé de Corbie, le corps de saint Adelard et les reliques de saint Gentien et de saint Precord. Avant de se séparer, on convint de revenir chaque année entre les fêtes de l'Ascension et de la Pentecôte au même lieu, où l'on fit dresser une croix appelée *la croix de l'indict* et la procession eut le même nom. Cet usage dégénéra par la suite en parties de plaisirs dont il ne reste plus que la base (*Bollandus,* le 2 janvier). Le comte d'Amiens et l'abbé terminèrent leurs différens au sujet des

3.

droits de seigneurie dépendans de leurs comtés. Cette fête eut lieu pendant quelque temps et fut interrompue durant plusieurs annéez. Le pape Innocent 2, l'an 1142, confirma la fête de l'indict. Ses successeurs attachèrent à cette procession 40 jours d'indulgence.

Foulques n'étoit que diacre lorsqu'il fut élu l'an 1048 [43]. Il fit le voiage de Rome où le pape Luce l'ordonna prêtre. Il défendit avec fermeté les droits de l'abbaye contre les entreprises de Foulques et Guy, évêque d'Amiens, qui l'accusèrent de crimes dont il se lava vis-à-vis le pape Alexandre 2, qui lui accorda l'usage de la dalmatique et des sandales et escarpins dans les solemnitéz [a]; le concile de Verceil confirma les privilèges l'an 1050. Cet abbé, surnommé le Grand, mourut le 5 décembre 1095. Nevelon nous apprend que l'abbaye perdit beaucoup de sa splendeur après sa mort [b].

Sous son administration, il se tint ici une assemblée des états du roiaume en 1061; le roi Philippe s'y trouva avec l'archevêque de Reims, les évêques de Noyon, d'Amiens, de Beauvais et notre abbé ainsi que les principaux officiers du roi : Baudoin, comte de Flandre, et son fils, le comte Raoul, Gautier et Simon, ses fils, Guillaume, comte de Ponthieu, et plusieurs autres. *(Annal. bened.)*

Evrard [44] occupoit cette place en 1085 [c]. Une charte de cette année concernant l'abbaye de Saint-Acheuil [d] tait mention de sa déposition par le concile de Compiègne.

Nicolas étoit prévôt de l'abbaye lorsqu'il fut élu en 1096. On fixe sa mort au 6 mars 1127. De son temps se fit l'échange du village de Moncy avec Rorgon de Roye [45].

Robert, moine de Saint-Denis, fit présent à sa maison de profession d'une table de vermeil et mourut le 22 jan-

a. *Annal. bened.*
b. Brussel, *Sur les fiefs*, t. 2, p. 787.
c. *Annal. ben.*
d. *Spicil.*, t. I.

vier 1142. En 1135, l'évêque confirma la possession de l'autel de Guagny[46]. (Du Cange, Mss. D.)

Nicolas de Moreuil, dit le Vieux, seigneur de Moreuil[47], qui prit icy l'habit monastique, fut élu la même année. Il obtint des papes Innocent 2, Eugène 3, Adrien 4, la confirmation des privilèges et mourut en 1157. Il étoit fils d'Hubert d'Herouville; il se fit moine de Corbie et il y mourut après 4 ans[a]. On a de lui une lettre à l'abbé Suger.

Dans ce siècle, les abbéz dissipoient les domaines en créant des mairies, disposoient des fiefs et des biens et les inféodoient. On réprima cet abus en leur enjoignant de ne rien faire sans le consentement du chapitre.

Jean de Bouzencourt[48], ancien prieur claustral de l'abbaye de Saint-Denis, fut élu au mois d'août 1158. Etant à Rome, le pape lui offrit l'évêché de Prœnestrine. Il mourut à Tusculum le 18 août 1172. Henri, archevêque de Reims, l'inquiéta sans succéz sur sa jurisdiction en 1161.

Hugues, surnommé de Péronne ou de Monvoisin, profèz de ce monastère, quitta le Mont-Saint-Quentin, dont il étoit abbé[49], pour occuper icy la même place en 1172, et, cette année, le pape Alexandre 3 prit l'abbaye sous sa protection pour se donner plus d'autorité[b]. Il fit le premier usage d'un scęau particulier, innovation qui lui attira plusieurs procès avec ses religieux et, depuis cette époque, les lettres abbatialles doivent également porter le sceau du monastère.

De concert avec sa communauté, il érigea l'an. 1167 un fief en faveur de Raoul, boulanger de l'abbaye, qui, en échange, abandonna le droit héréditaire qu'il avoit sur la boulangerie *(pistrinum)*. L'abbaye s'obligea de lui donner chaque jour un pain pareil à celui des moines; en août, trois muids de froment au grand setier; à la Saint-Mathieu, 20 s.; un setier de vin aux cinq fêtes et une tranche de lard

a. *Annal. bened.*
b. Mabillon, *Diplom.*

paiable par le prévôt du monastère [a]. Raoul devint ainsi homme lige et vassal servant librement. Peu de temps auparavant, il avoit échangé Moncy entre Cosdun et Gornai avec Rorgon de Roye, pour la dîme de Rokencourt, avec l'agrément de Raoul le Jeune, comte de Vermandois; cet arrangement fut confirmé par Philippe, comte de Flandre, son successeur, vers l'an 1170.

Il a mérité de son ordre par le règlement qu'il fit pour renouveller, entretenir et faire passer la bibliothèque à la postérité. Il mourut l'an 1185.

Gosson [50] se distingua par son application à rétablir la paix. Il contribua beaucoup, l'an 1185, à l'accord fait entre Philippe-Auguste et Philippe, comte de Flandre. Le roi et le pape Urbain III confirmèrent les privilèges la même année, temps auquel on commença à réciter les leçons et chanter la prose de sainte Bathilde. Au mois de mars, le roi Philippe reconnoît qu'à sa prière, cet abbé, sans préjudicier à ses droits, a donné cours dans son comté à la monnoye de Paris. Cet abbé mourut le 12 février 1187.

Nicolas [51], élu l'an 1187, étoit de bonnes mœurs et savant. L'an d'après, il obtint de Clément III des privilèges que Philippe-Auguste confirma en 1189 et le pape Célestin III en 1194, temps auquel Nicolas résigna entre les mains du roi.

Gerard, moine de Saint-Denis, étoit abbé de Saint-Corneille de Compiègne, lorsque le roi lui délivra ses provisions pour l'abbaye de Corbie [52]. Il mourut le 24 mars 1196.

Jean Bustin, surnommé des Cornillons, profèz de l'abbaye de Saint-Denis, dont il fut grand prieur après l'avoir été d'Argenteuil, fut élu en 1196 et, cette année, le pape Célestin lui permit de porter la mitre et l'anneau pastoral

a. 1186, Hugues, prévôt de Corbie.

aux processions et les jours de grandes fêtes. Il cessa de vivre en 1198.

Foulques II, [53] élu l'an 1199, mourut le 8 juin 1203.

Gautier avoit l'esprit vif, mais son peu d'économie occasionna sa déposition [54]. En 1206, conjointement avec la communauté, il chargea un chapelain de dire la messe chaque jour pour les religieux profèz de la maison.

Jean aux Cornillons, moine de Saint-Denis, prieur d'Argenteuil, fut élu l'an 1212 [55] et proclamé par le légat apostolique. C'étoit un beau théologien. Honoré III confirma les privilèges. Il mourut en 1221.

Hugues II ne donna point matière à faire son éloge. Il étoit en place en 1223 [56].

Raoul, élu en 1240, reçut de Juhel, archevêque de Reims, une lettre par laquelle il demande à pouvoir coucher une nuit dans le monastère à son passage par Corbie. Elle est dattée de 1246. Cet abbé mourut le 29 décembre 1253 [57].

Jean de Fontaines, élu la même année, quitta le séjour des vivans en 1260. Le pape Alexandre accorda, l'an 1257, quarante jours d'indulgences à ceux qui, pénitens et duement confessez, visiteroient la grande église le jour où l'on fête saint Adélard et saint Gentien.

Pierre Mouret, élu l'an 1261, passoit pour bon philosophe, canoniste et excellent théologien [a]. Beauduin, empereur de C. p. assista icy en 1263 avec le roi saint Louis, accompagné des princes du sang, du nonce du pape et d'autres seigneurs, à l'élévation du corps de saint Adélard par les évêques de Laon et de Cambrai. *Li abbé,* l'an 1267, *commencha ceste cloitre, si le fonda, et ceste pierre machonna* [58].

Hugues de Vers succéda l'an 1269; douze ans après, par accord avec le clergé, on arrêta que tous les clercs résidens à Corbie viendroient processionnellement, sous peine de 2 sols parisis d'amende, aux funérailles des religieux de la

a. *Chroniq. ms.*

maison, et qu'à la mort d'un ecclésiastique, l'abbé recevroit le corps en cérémonie à la porte de l'église, d'où on le déposeroit, jusqu'après la messe, devant la chapelle de saint André. A la persuasion du cardinal Cholet, il résigna entre les mains du pape en faveur de son successeur, l'an 1287 [59].

Garnier de Borenne ou *de Bouraine*, moine de Saint-Lucien de Beauvais, et chapelain du cardinal Cholet, occupa cette place en 1288 [60]. C'étoit un homme prudent, doué de beaucoup de grandeur d'âme, et qui ne fit que le bien de l'abbaye. Nos rois appelloient quelquefois les abbéz à la guerre. Philippe le Bel, l'an 1297, l'invita à se rendre à Courtray le dimanche avant la Vierge de septembre. En 1300, il obtint un arrêt du Parlement, confirmatif des privilèges contre les prétentions de l'évêque d'Amiens. La même année, Jean, seigneur de Picquigny, lui fournit aveu. Une fièvre lente l'emporta le 15 janvier 1313. Il repose dans la chapelle de Saint-Lucien, qu'il fit construire sous cette épitaphe :

Tres luctus causæ sunt hac sub imagine clausæ.
Tu pius, et patriæ lux, decus ecclesiæ
Abbas, cui, noster Garnerus, sit Deus omen,
Tum bene regnavit, betfredi cornua stravit.
Postea Corbeiam rexit et ecclesiam
M. semel et tris C bis senis I dare disce
Dum gustàt morsum, de quo via nulla retrorsum,
In Felicis festo memor hujus temporis esto.

Henri Duville ou *de Villers*, élu le 6 février de la même année, avoit plus de savoir que d'économie, et sa digalité alloit au détriment de la maison. Robert de Fouilloy, évêque d'Amiens, déclara en 1316, [a] qu'étant venu à Corbie

a. Cart. de Libons.

par le commandement de très excellens princes Charles, duc de Valois, Louis d'Évreux et Guy de Chatillon, pour les affaires du roiaume, il n'entendoit pas pour ce avoir acquis un nouveau droit de jurisdiction en cette ville. En 1318, le comte de Clermont, chancelier de France, et Bernard de Moreuil, maréchal, se rendirent icy après Noël pour arranger les différens entre la comtesse d'Artois et les nobles du païs. (Anselme, *Gr. Off.*) La même année, Henri se trouva au concile de Senlis. Il mourut le 31 octobre 1324[61].

Hugues de Vers, proféz de la maison, fut élu la même année. Il acquitta les dettes, fit des constitutions synodales pour les curéz, ordonna un synode annuel, et chargea l'official de la visite des bénéficiers. En 1331, il assista à une assemblée au Louvre. Trois ans après, il fit faire une mitre ornée de bijoux, et le roi le nomma trésorier général des finances[62]. Il portoit le nom d'écuyer banneret et il envoia à l'armée de Flandre cinq chevaliers et trente-six porte-écus[a]. L'an 1334, il acheta de Gérard de Comainguel, moiennant 620 livres parisis, la moitié de la pêche sur la Somme, depuis le val du Chêne jusqu'à la chaussée de Sailly-Lauret, et l'abbaye peut y pêcher trois jours et demi de chaque semaine[b]. Le 23 novembre 1346, Philippe de Valois confirma les possessions et exempta l'abbaye pour l'avenir du service en guerre; elle ne fournissoit plus au monarque que deux sommiers étofféz de sommes et de basin (Du Cange, Recueil D.). Jean de Cherchemont, évêque d'Amiens, reconnut la même année la jurisdiction du monastère. Hugues mourut le 23 août 1351; on lit sur sa tombe :

Cerno super tumulo ploratus quattuor isto
Vir pius et fortis, patiens, hostisque malignis

a. Regist. de la C. des Comptes.
b. Cart. de Corbie.

Hugo qui dictus est de Vers, fuit atque secundus
Abbas qui multùm fecit fieri benè claustrum ;
Est ideo claustro junctus sicut est rota plaustro.
Ecclesiam pavit multis et nobilitavit
Terris et villis, nunc hîc in pace quiescit.
In noctu sancti decessit Bartholomæi,
L. semel et unus millenis. C. tribus annis.
Qui transitis ibi, virtutum dicite regi :
Pastor somme Deus, tu qui potes omnia solus,
Nostro pastori concedas gaudia poli.

Jean d'Arsy, abbé de Ferrières, puis de Virgiliac, où il fit profession, le fut de Corbie en 1352 [63]. La communauté avoit élu Gilles de Courcelles, [64] mais, comme il ignoroit la langue latine, le pape refusa de confirmer l'élection et jetta les yeux sur Jean, personnage d'un savoir profond, d'une vie intègre, et d'une piété qui le faisoit comparer aux abbéz les plus saints. Il mourut le 10 febvrier 1362 [65].

Jean de Gove, profèz et official de Corbie, élu à la fin du même mois, fut béni à Avignon par le pape Urbain V. Ses mœurs répondoient à sa profonde érudition. Se sentant affoibli par l'âge, il se démit l'an 1389, entre les mains du pape Clément, en faveur d'Étienne de Conty, official de Corbie, mais le roi lui préfera Raoul de Roie, abbé de Saint-Lucien de Beauvais, malgré l'élection que la communauté avoit faite de Robert du Chêne, prieur de Saint-Maximin. Jean cessa de vivre en 1394 [66].

Raoul de Roye, fils de Mathieu, grand maître des arbalétriers de France, et frère de Guy, archevêque de Reims [67], fit profession dans l'abbaye de Saint-Médard. Après avoir été prieur de Ressons, il prit possession en 1391 et défendit constamment contre l'évêque d'Amiens, en 1393, les droits de sa place [68], dont il voulut se démettre en 1414, entre les mains du pape Jean XXIII, et en faveur de Jean de la

Rochetaillée, patriarche de Constantinople, mais le roi s'y opposa. Le souverain pontife passa outre et lui donna l'an d'après l'abbaye en commande. La communauté, de son côté, renouvella l'élection de Raoul, qui mourut subitement le 11 août 1418. Guillaume Optot, abbé de Cormerie, que la cour de Rome avoit nommé abbé de Corbie, n'en porta que le nom.

Jean de Lion fut élu au mois de septembre 1418 [69] avec l'agrément du roi, et l'évêque d'Amiens confirma l'élection [70]. Jean s'accorda en 1428 avec Guillaume Optot moiennant une pension de 400 florins fixée par le pape et mourut le 2 mai 1439 [71]. Trois ans auparavant, il avoit, conjointement avec les habitans de Corbie, porté des plaintes au concile de Bâle contre Jean le Jeune, évêque d'Amiens.

Jean de Bersée étoit prévôt de l'abbaye lorsqu'il fut élu par compromis le 12 mai 1439, à l'âge de 35 ans. Sa douceur naturelle l'éleva à cette place. Étant, le dernier décembre 1444, avec trois bourgeois dans une tour voisine de la porte d'Encre, le feu prit à la poudre et l'explosion les fit périr tous quatre [72].

Michel des Dauphins, élu deux jours après cet accident, étoit d'un caractère aimable et d'une conversation spirituelle [73]; il emploia tous ses soins à deffendre ses privilèges et à augmenter les possessions. Le comte de Saint-Pol lui aiant mandé de le venir trouver, il répondit qu'un comte de Corbie valoit tout autant qu'un comte de Saint-Pol. Il mourut le 10 janvier 1461.

Jacques de Ranson, abbé du Mont-Saint-Quentin, élu à la poursuite du duc de Bourgogne, fit son entrée l'année suivante, accompagné du comte d'Étampes, des ducs de Nevers, de Rethel et de plusieurs autres seigneurs. Il avoit été dans sa jeunesse chantre de la chapelle de Philippe, duc de Bourgogne, et fut depuis prieur de Lihons. Il répara le défaut de sa naissance par son humeur badine, facétieuse, jointe à beaucoup de science et à la réputation de grammairien habile [74]. Ses ennemis le brouillèrent avec la cour, ce qui l'engagea à se démettre avec la retenue d'une pension de 40 l. tournois. Un mal de jambe causa sa mort le 1er mai 1480. Louis XI, après la bataille de Montlery, se retira ici de nuit avec précipitation et, le 11 avril de l'année suivante, le comte de Charolois, qui campoit dans le voisinage, y lava les pieds à douze pauvres, fit diner l'abbé avec lui et séjourna jusqu'au 18 [a]. Les rois, les grands seigneurs honoroient fréquemment ce monastère de leur présence. Les François avoient pillé le monastère en 1475.

Jean d'Auquennes ou d'*Angennes* fut béni le 1er août 1478. C'étoit un homme éloquent, mais malin, livré aux plaisirs et ingrat envers son prédécesseur, qui méritoit toutte sa reconnaissance. La fièvre l'emporta le 16 septembre 1479 [75].

François de Maillé-Brezé, né à Tours, protonotaire du Saint-Siège et premier abbé commendataire, n'avoit que 15 ans lorsque S. M. le nomma. Le pape Sixte confirma la nomination au mois de juillet de la même année [76]. Il prit possession l'an d'après, mais, ayant perdu son frère en 1485, il résigna entre les mains du pape Innocent VIII.

Pierre d'Ostrel, né à Doulens, avoit été élu par la communauté dès 1483 étant profèz et prévôt de la maison et, pour la seconde fois, à cause des oppositions du Parlement, en 1485, à l'âge de 49 ans [77]. Innocent VIII confirma ce choix et, l'année suivante, il fit son entrée. Il avoit de l'esprit infiniment. Il s'en servit pour payer les dettes, fonda une aumône de 30 pains et 30 derniers par jour et rétablit le palais abbatial. Les affaires de l'abbaye ne l'empêchèrent pas de veiller à celles de la religion. La continence, jointe à beaucoup de sobriété, le mirent dans le cas de renouveller son jubilé en 1497. Louis XII, au mois de juin, confirma les possessions de l'abbaye et, après la mort de cet abbé,

a. Turpin.

en 1506, le 14 août, on mit cette épitaphe sur son tombeau :

Corbiensis adest Petrus Dostrelius abbas
Qui Dullendiacâ traxit ab urbe genus.
Tres menses suprà viginti rexit aristas,
Exonerans templum, cui nova jura dedit.
Quatidiana per hunc triginta portio panum
Cum totidem nummis constabilita fuit.
Annis sub mille quingentis sexque professo
Ad prolem sumptæ Virginis sunctus obit.
Qui fuit hujus adhæc fabricæ [a] *primarius auctor*
Tanto jutrices [b] *pro patre funde preces.*
Cœnobii dotes subjecti jura professi
Pistichus [c] *hic elemon chrismatos unxit ope,*
Sacris iste vacans, fastus asprevit inanes,
Lætiferas fugiens eminus illecebras.

Guillaume Ducaurel, né à Amiens, de Jean, bailly de la même ville, eut pour ayeul Jacques, maieur en 1419 ; il fut élu à l'âge de 58 ans, le 15 août 1507, par la communauté. Mais le roi aiant nommé François de Halluin, évêque d'Amiens, ce prélat, après quelque procédure, se désista moiennant dix-sept mille cinquante livres une fois paiées et mille écus de pension annuelle. D'après cet arrangement, Guillaume fut béni en 1510 et, après avoir obtenu de François premier la confirmation de possession de l'abbaye, au mois de juin 1517, il mourut le 19 novembre 1522 [78]. Le 4 may de cette année, l'arrière-ban s'assembla ici.

Philippe de la Chambre, natif de Savoie, religieux cluniste, et prieur de Lihons, fut nommé l'an 1523 en plein consistoire par le pape Adrien, qui ne vouloit point mettre

a. Ecclesiæ.
b. Adjutrius.
c. Fidelis.

l'abbaye en commande, mais on empêcha militairement les moines de procéder à l'élection. Ils protestèrent néanmoins contre celle du cardinal de Bourbon, à la sollicitation duquel l'archevêque de Reims nomma Michel de Villebrane, qui prit possession par procureur. De son côté, Philippe la prit le 14 décembre et, moiennant une pension, il résigna à cette éminence [a] qui, malgré les protestations de la communauté, fit son entrée l'an d'après. Au bout de quatre autres annéez, un arrêt du Conseil du roi maintint dans sa place Philippe, qui permuta avec le cardinal, qui lui donna l'abbaye de Saint-Amand outre laquelle il posséda l'évêché des Morins, et la dignité de cardinal de Boulogne, titres avec lesquels il mourut à Rome au mois de mars 1550, et son corps y repose chez les Minimes. Henri II confirma les possessions de l'abbaye de Corbie au mois de juillet 1549.

a. Le titre d'Éminence n'étoit point encore donné aux cardinaux.

[ABBÉS COMMENDATAIRES]

Sebastien de la Grange paroit en 1550[79]. Le 16 novembre 1574, Philippe Sauvage, baron de Ringrave, fut décapité sur la grande place. Ce seigneur dissipa les biens des Clabauts et des Henniques. Il avoit épousé Jeanne Clabaut.

Charles de Bourbon I[80], frère d'Antoine, roi de Naverre, connu sous le nom du cardinal de Vendôme, mourut à Fontenay le 9 mars 1590.

Charles 2, cardinal de Bourbon, fils de Louis, prince de Condé, et d'Éléonore de Roie, neveu de Charles de Bourbon I, mort le 31 juillet 1594[81].

Louis, cardinal de Loraine, fils de Henri, duc de Guise, et d'Antoinette de Cleves, mort sous-diacre le 21 juin 1621. Henri IV confirma les possessions de l'abbaye en 1604 au mois d'août[82].

Henri de Loraine, fils de Charles, duc de Guise, et d'Henriette-Catherine, duchesse de Joyeuse, et neveu du cardinal Louis, renonça à tous ses bénéfices en 1641. Le chapitre général de l'ordre se tint icy l'an 1622[a]. Une déclaration du roi, dattée du mois d'octobre 1638 et vérifiée en Parlement le 8 febvrier suivant, lave entièrement les religieux de tout soupçon d'infidélité pendant le siège de cette ville par les Espagnols deux ans auparavant, et les déclare, d'après les informations faittes par l'intendant

a. Regist. du bail. d'Am.

d'Amiens, assisté des officiers du bailliage, pour bons et fidèles sujets entièrement innocents, exempts et immunis du crime qu'on leur a voulu imputer d'avoir adhéré à la reddition de laditte ville ou icelle conseillée ou procurée ; au contraire, ajoute S. M., ils se sont emploiés à leur possible pour maintenir la ville, la garnison et les bourgeois sous notre obéissance, nonobstant ce qui est porté par notre déclaration du 14 novembre 1636, à laquelle nous dérogeons par ces présentes.

Jules Mazarin, cardinal, prit possession par procureur le 18 juin 1643.

Camille Pamphile, cardinal, neveu du pape Innocent X, la prit le 24 mars 1645 et l'abandonna pour se marier l'an 1648.

Jules Mazarin, qui s'en étoit démis, en reprit possession au mois de novembre 1647 et mourut le 4 mars 1661.

Philippe, prince de Savoye, fils de Thomas-François de Savoye, prince de Carignan, et d'Olympe Mancini, nièce du cardinal Mazarin, eut ce bénéfice avant l'âge de 3 ans[83] et mourut le 4 octobre 1693, âgé de 35 ans.

Toussaint Forbin de Janson, cardinal, évêque de Beauvais, commandeur des ordres du roi, grand aumonier de France, nommé au mois d'octobre 1693, prit possession au mois de janvier suivant et mourut en 1713, le 24 mars.

Melchior de Polignac, cardinal, prêtre du titre de Sainte-Marie des Anges, archevêque d'Auch, commandeur de l'ordre du Saint-Esprit, a passé dans tous les postes où le mérite peut élever. Il fut nommé à celui-cy le 1er avril 1713 et mourut le 21 novembre 1741.

Jean-François Boyer, évêque de Mirepoix, précepteur du dauphin, fut nommé le 22 février 1743 et mourut à Versailles le 20 août 1755.

[Paul d'Albert] *de Luynes*[84], cardinal, archevêque de Sens, premier aumônier de la Dauphine.

[ÉGLISES ET PAROISSES]

La paroisse de Saint-Albin non seulement est la plus ancienne de la ville, mais c'est encore d'elle que les autres se sont forméez. Nicolas, abbé, voiant en 1190 que le soin de toutte la ville tomboit sur les deux curéz qui desservoient cette église, obtint de l'agrément du pape, de celui de sa communauté et des habitans qu'il y en ait quatre, et il attacha des paroissiens aux chapelains qu'il y fixa après que le clergé assemblé par son ordre lui eut remis les bénéfices dépendant de l'abbaye dont il jouissoit. L'abbé de Corbie nomme de plein droit à la cure et aux autres de la ville. Le célerier de l'abbaye a la dime des marais, le reste est au curé. La fabrique a 200 l. dans cette paroisse ainsi que dans les autres; le trésorier de l'abbaye a la moitié des oblations et la moitié des cires le jour de la purification à la chapelle de Saint-Jacques le Majeur, celle de Saint-Jacques à la grosse Gambe avec laquelle est confondue celle de Saint-Jacques le Mineur. Touttes les maisons de cette paroisse et de celle de Saint-Pierre, à l'exception de celles des échevins et des hommes libres, étoient tenues de fournir un homme pour faucher les foins de l'abbaye.

La paroisse de Saint-Martin s'aggrandit sous le même abbé Nicolas, qui y réunit l'église nommée *Torsnipeta* dans la chronique, qui appartenoit à Saint-Pierre de la Celle et qui, à cause de son éloignement de la ville, étoit peu fréquentée et mal desservie. Il y ajouta quelques paroissiens de Saint-Albin et de Saint-Thomas des Préz avec la moitié des dimes et des arbres enclavez dans les limites, et accorda en outre au chapelain de Saint-Pierre de la Celle la moitié des dimes et la prébende monachale, ditte de Saint-Adhalard avec touttes les offrandes. L'abbé nomme de plein droit à la cure. — La chapelle de Saint-Martin, ditte de Warnier de Cherisy, est fixée au grand autel. — Celle de Wautier le Riche, ditte de la Vallée, l'est à l'autel de Saint-Nicolas. — Celle de N.-D. de Prouzel, dont il y a des provisions, données par le roi en 1473, — celle de Saint-Georges — celle de Saint-Nicolas, sont touttes à la nomination de l'abbé.

La paroisse de Saint-Thomas des Préz n'étoit qu'une simple chapelle ou oratoire que l'évêque saint Geoffroy bénit et érigea en paroisse l'an 1105 [a]. En 1155, cette paroisse fut adjugée à l'abbaye contre les prétentions de l'évêque Thierry par des prélats que le pape avoit délégués pour connoitre du différent. L'abbé Robert, l'an 1136, attacha cette église, qui étoit de la manse abbatialle, à l'office du trésorier de l'abbaye qui, le jour de la mort de cet abbé, est chargé de donner 20 [s] chaque année pour la nourriture des frères. L'abbé nomme le curé qui perçoit la moitié des dimes. La fabrique a 200 livres. La chapelle de la chapelle de N.-D. ditte au Teinturiers, — celle de Saint-Nicaise, — celle de Jean le Maire que l'on ne connoit plus — celle de Saint-Barthélemy et celle de Sainte-Brigitte sont du patronage du même abbé.

La paroisse de Saint-Étienne étoit auparavant sous le vocable de N.-D. On l'érigea en cure l'an 1190. Dès 882, des chapelains la desservirent à la place des moines. Le même abbé est patron de plein droit. La fabrique a 100 livres. La chapelle de la Vierge, ditte de la charité des dames, fixée au maître-autel, — la presbiteralle sous le nom de la Vierge,

a. Annal. ben.

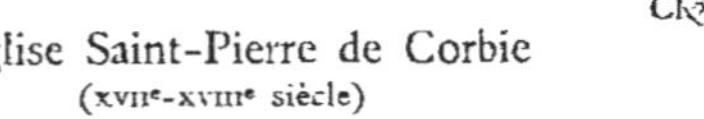

Cl. E. Detaille

L'église Saint-Pierre de Corbie
(XVIIe-XVIIIe siècle)

Cl. E. Detaille

Le jour des Rameaux à Corbie en 1115

et ditte de l'hôtel, fondée par Jean de *Hospitio,* clerc, en 1279. Le prêtre doit résider, dire chaque jour les vigiles des morts, recommander les défunts avant la messe et, avant sa prise de possession, faire serment devant l'official ; — celle de la Vierge des Dames ; — celle de la Vierge, ditte Famechon ; — celle du Saint-Esprit ; — celles de Saint-Georges, — de Saint-Nicolas, — de Saint-Paul, sont touttes du même patronage. Outre les revenus de la dernière, on y joint ceux de la prébende de Saint-Adalard.

Dans cette église est la communauté des *Caritables (Charitates).* Dans l'origine, ce n'étoit que 40 pauvres orphelins fondéz l'an 1048 par l'abbé Foulques et gouvernéz par un boursier qui les conduisoit à la messe où ils recevoient des aumônes. On les remplaça par des clercs en 1248 et ils furent réduits à 20. L'abbé Henri de Villers confirma leurs possessions en 1317 ; ils sont chargéz de chanter l'office canonial à des heures différentes de celles de la paroisse. Hugues de Vers leur attacha l'an 1269 100 livres chacun, compris les assistances aux obsèques des religieux. Par les statuts de 1248, ils ne touchent rien la première année, et l'argent est destiné pour l'anniversaire de celui qui succède le nouveau venu. L'abbé donne ces bénéfices. Les possesseurs desservent les obits et fondations. Le curé a la première place aux offices communs. Ces Caritables, égaux entre eux, se choisissent un prévôt.

La paroisse de Saint-Jean l'Évangéliste, dont le curé est à la collation du même abbé, étoit la paroisse des domestiques de l'abbaye, et commença l'an 822 à être desservie par des chapelains. Le célerier a la dîme des marais ; le curé dîme sur le reste. La fabrique a 300 livres et des cens sur une maison près le ruisseau de Canteraine dont le curé reçoit 11 ^{s} 6 ^{d} et 5 pains de 17 ^{d} ; ce legs pieux a été fait pour le luminaire par Thibaut Ninevus. Raoul de Campdavesne, châtelain de Corbie, et Béatrix, sa femme, ont laissé aux

4.

pasteurs des revenus sur les boulangers et cordonniers; — la chapelle de Saint-Nicaise, ditte de Pinchon, — celles de Saint-Corneille, — Saint-Ratbert, — Sainte-Catherine, — de N.-D. sur le chemin de Prouzel, — de Saint-Nicolas, — de Saint-Jean-Baptiste, — de Sainte-Marguerite, ont pour patron le même abbé.

La paroisse de Saint-Éloy, jadis du Saint-Sépulcre, étoit près de la porte d'Encre. En 1194, on la construisit où on la voit aujourd'hui. La fabrique a 200 livres. Le curé est patron de plein droit, ainsi que des chapelles de Saint-Nicolas ditte de Guillaume Lombard, — du Saint-Sépulcre, — de N.-D. de Lorette, — et de Sainte-Marguerite.

Le monastère des Clarisses fut établi en 1446 à la poursuitte de sainte Colette par Philippe, seigneur de Saveuse et gouverneur d'Amiens, en vertu d'une bulle du pape Eugène IV vivement sollicité par Isabelle de Portugal, femme de Philippe, duc de Bourgogne, malgré les oppositions de l'abbaye[a]. Les bâtimens, commencéz dès 1445, ne s'achevèrent qu'en 1449 par les [soins] de Charles VII, à qui le pape en donna la nomination. Le Saint Père mit le couvent sous la protection de l'archevêque de Rouen, de l'évêque de Tournai et de celui de Beauvais.

L'hôpital ou l'Hôtel-Dieu contenoit jadis un nombre considérable de religieuses hospitalières de l'ordre de Saint-Benoît fondéez par l'abbaye et réduites à 10 par l'abbé Garnier qui, l'an 1294, leur donna des statuts. Les sœurs n'étoient reçues qu'à 30 ans, et trois frères convers faisoient les affaires du dehors. Il n'y a aujourd'hui que huit lits pour les malades.

Il est parlé en 1416 d'une chapelle dite *Curata,* peut-être curialle, et de celle de l'Aurore, fixée à l'autel de Saint-Jean-Baptiste, l'une et l'autre du patronage de l'abbé.

a. Vadingue, t. XI et XIII. [Luc. Waddingius. *Annales Minorum, seu historia trium ordinum a S. Francisco institutorum;* éd. 2e. Rome, 1731-1747. 22 vol. in-fol.]

Notice des endroits renseignéz dans les titres

Château (le) fut construit avant le xe siècle dans l'enceinte et aux dépens de l'abbaye. Charles le Simple y attacha des privilèges l'an 902. *(Spicil.,* t. 3, p. 348.)

Collège (le), un principal y enseigne les humanités. Dans la chapelle non titrée, sous l'invocation de saint Claude, les tourneurs font leur confrairie.

Fauxbourgs — de Neuville, — d'Étampes, — des Préz, dit la rue des Préz.

Fief d'Herogueres, proche Corbie ; — celui de Roquerolles, mouvant de l'abbaye.

Fontaines minérales. Depuis peu, on en a découvert deux dans le pré l'abbé, et ces eaux ferrugineuses et sulphureuses sont salutaires contre les obstructions et les maux d'estomac.

Hamel.

Léproserie (la) est d'une antiquité profonde. L'abbé Nicolas la fit bâtir et la dota à la fin du $xı^e$ siècle. A la requête des habitans, l'abbé Jean d'Arsy délibéra et arrêta avec la communauté que quiconque résideroit pendant vingt ans dans Corbie y seroit reçu comme s'il étoit né dans la ville. Elle est située à Neuville. Par arrêt du conseil du 13 juillet 1695, les biens ont été réunis à l'Hôtel-Dieu de Mondidier. La chapelle est du patronage de l'abbé de Corbie.

Longlion, Longliona, endroit voisin de Corbie. Près de là, des titres renseignent Cauchie, Macaire, Catherie et Saint-

Albin, qui doivent des droits lorsque le roi fait son entrée dans la ville, des tonneaux à l'abbaye pour saler les viandes, et les boulangers, des corbeilles pour vendanger.

Maison (la) du châtelain, près la ruelle de ce nom ; — à l'endroit de celle où sainte Colette demeuroit, on a construit une chapelle dans laquelle on conserve une portion de ses reliques.

Marais (les), qui sont au-dessous et au-dessus d'Heilly, sont souvent inondéz, ainsi que les préz par les eaux qui retiennent deux digues au lieu nommé le Filet ; — le grand marais des préz, qui va depuis la Neuville jusqu'aux haies de Bonnai, consiste dans les prairies de Lobbé, de Jambot et dans les paturages de Bonnai. La terre des marais est tourbeuse et bitumeuse.

Moulins. Les deux voisins du pont de pierre *(potrinus)* furent construits l'an 907 par l'abbaye, qui en jouit ; — ainsi que de celui de la boulangerie ; — celui des préz entre la rue de ce nom et la Neuville fut détruit en 1636 du temps du siège de la ville.

Oratoire (l') de Saint-Jean-Baptiste est occupée par l'Hôtel-Dieu.

Place (la grande) est belle et bien quarrée. L'an 1518, quatre jours après la Pentecote, on y représenta les jeux de l'Invention de la Sainte-Croix.

Port (le) n'est sujet à aucun [droit] de tarif ni de péage.

Portes (les) sont celles des Images ou de l'Image ditte jadis de Saint-Albin, — d'Encre, — de Berdin, *Berdini,* — des Préz, — d'Estampes.

Prairies de Villepin.

Rivières. Celle qui vient d'Heilly dans Corbie a été divisée en deux branches par les comtes ; — la Somme se divise près de la ville en divers canaux qui rendent toutte la campagne marécageuse ; plus près, elle se ressert en trois qui vont le long de la chaussée au chemin de Fouilloy, puis elle se coupe en trois lieux différens où l'on a construit autant de ponts ; — le cours d'eau dit de la boulangerie, qui part du filet d'Heilly est à l'abbaye qui y a droit de pêche ainsi que sur la rivière qui descend d'Heilly ; — le ruisseau de Paluet, — celui de Wagny, — celui de Hamelet et celui des bains sont renseignéz dans les titres.

Rue des Ecoles, où une maison voisine du presbitère de N.-D. est tenue de l'abbaye, à cause du fief de Poissy, par 6[s] 11[d] 2 chapons. (Reg. du Chap. d'Am.)

Vicomté. La moitié appartient à l'abbaye, l'autre à Baudouin de Dours et à ses successeurs, qui la tiennent du seigneur de Boves, mouvant lui-même de l'abbaye.

NOTES

1. Ce manuscrit est peut-être celui qui se trouve aujourd'hui à la Bibliothèque nationale à Paris, dans la collection dom Grenier. Pierre-Nicolas Grenier, religieux bénédictin, né à Corbie le 10 novembre 1725, mort à Paris le 2 mai 1789, nommé historiographe de Picardie en 1763, se mit aussitôt en devoir de visiter les chartiers et les archives de cette province, copiant ou faisant copier les documents qui devaient lui être utiles, empruntant même bien souvent des parchemins et des pièces originales.

2. D'après la chronique manuscrite de Pierre le Prestre, déposée à la bibliothèque d'Abbeville (n° 94 des Mss.), les seigneurs de Contay, de Gapennes et autres « se rendirent saulves leurs corps et leurs biens, et s'en alèrent à Arras. » Le seigneur de Contay était Charles le Josne. Quant au seigneur de Gapennes, c'était Antoine de Vissocq, conseiller et chambellan du duc de Bourgogne.

3. Le P. Daire avait d'abord écrit : « la nuit du 10 décembre 1590 », ce qui est plus conforme avec ce que dit Davila ; et, d'autre part, il y a plutôt de la glace en décembre qu'en octobre.

4. Philippe de Beaufort-Canillac-Montboissier.

5. Isaac de Bazilly, seigneur de Launay.

6. Voy. sur la prise et la reprise de Corbie en 1636 notre ouvrage : *Deux années d'invasion en Picardie*. Paris, A. Picard, 1887. In-8°.

7. C'est en 1670 que le roi ordonna le démantèlement de Corbie, qui avait été la clef du royaume, dit Cocquelin ; il ordonna de niveler le bastion élevé à la porte d'Encre, de démolir les ouvrages avancés, mais en conservant les fossés, les remparts et les murs. Les bourgeois voulurent profiter de la ruine de leur ville ; ils ne cessèrent d'adresser des pétitions jusqu'à ce que le commissaire envoyé sur les lieux eût fait détruire les murs, les portes et les ponts. — Nous aurons plusieurs fois l'occasion de citer le manuscrit de Benoît Cocquelin, official à l'abbaye de Corbie de 1672 à 1678, auteur d'une histoire de l'abbaye de Corbie, publiée par J. Garnier, dans les Mémoires de la Société des Antiquaires de Picardie (VIII, 385 et suiv.), d'après le manuscrit 525 de la bibliothèque d'Amiens. Un second manuscrit original de cette histoire se trouve dans la collection D. Grenier à la Bibliothèque nationale à Paris. — Un autre official de la même abbaye, Antoine de Caulaincourt, qui vivait au commencement du XVIe siècle, a laissé une chronique manuscrite de Corbie allant de 662 à 1529 ; un exemplaire se trouve à la bibliothèque d'Amiens sous le n° 524 des manuscrits ; un autre, sous le n° 486, suppl. lat. à la Bibliothèque nationale, et un troisième, dans la collection D. Grenier.

8. Les bourgeois, dit Cocquelin, abusèrent de leur pouvoir et accablèrent de grossières injures, de mauvais traitements et de violences à main armée le couvent et l'abbé ; accoutumés à la guerre, ils vexèrent souvent les moines et les maltraitèrent de diverses manières. Mais, en 1310, la commune, accablée d'une multitude de calamités et écrasée de dettes, vendit au roi Philippe IV tous ses droits ; l'abbé Garnier les racheta et, ayant renversé le beffroi, il vint à bout de dompter ce monstre, *ferociam illius pessimæ bestiæ domuit*, et, dans la suite, lui et ses successeurs conservèrent le droit de nommer un prévôt, des échevins, les chefs des travaux publics, enfin de gouverner la ville en son nom ; ce droit subsiste encore et est confirmé par un arrêt célèbre du Parlement de Paris contre le gouverneur de la ville qui voulait s'attribuer l'autorité ; le jugement en faveur de l'abbé et des moines fut prononcé en 1668.

9. Pour la commune de Corbie et notamment pour les variations du régime municipal de cette ville de 1690 à 1779, voir *Monuments inédits de l'histoire du tiers-état,* par Aug. Thierry, t. III, p. 624.

10. Charles d'Estourmel, seigneur de Plainville, capitaine des gardes du corps, gouverneur de Corbie, était fils unique d'Antoine, seigneur de Plainville, député par la noblesse du gouvernement de Montdidier, Péronne et Roye aux états de Blois en 1588, et d'Anne d'Epinay; il avait épousé Anne Gobelin et n'en eut point d'enfants.

11. Melchior Mitte, comte de Miolans, marquis de Saint-Chamond, seigneur de Chevrières, fils aîné de Jacques et de Gabrielle de Saint-Chamond, devint ministre d'État, ambassadeur extraordinaire à Rome, et mourut en son hôtel à Paris le 10 septembre 1649, âgé de soixante-trois ans; il avait eu sept enfants d'Isabeau de Tournon, sa femme.

12. Albert-Maximilien de Hennin, comte de Bossu, tué au siège d'Arras en 1640.

13. Né en 1592, il épousa en 1621 Catherine de Beaujeu, dont il eut cinq enfants.

14. Il était né en 1630 et fut reçu premier sous-lieutenant des chevau-légers de la garde du roi en 1682; il mourut sans avoir été marié.

15. Aujourd'hui, les foires de Corbie sont celles du lundi de Pâques, du lundi de la Pentecôte et de Saint-Mathieu, le 21 septembre; il s'y tient franc marché le dernier lundi du mois et un marché ordinaire le vendredi à 8 heures du matin en été et à 9 heures l'hiver.

16. Voici, d'après les statuts de l'abbé Erembert, quelques détails curieux sur l'abbaye de Corbie. Participaient à l'élection de l'abbé ceux qui avaient fait profession dans le monastère; tout le couvent se prosternait dans le chapitre; on lui présentait les clefs qu'on déposait à ses pieds; il priait les assistants de les bien conserver.

Le prieur claustral était chargé de voir si tous observaient la règle; il parcourait tout le couvent avec une lanterne sourde pour voir si tout était en ordre et bien fermé.

Le grand camérier devait fournir les habits aux moines.

Le cèlerier dirigeait le réfectoire, la cuisine, la basse-cour.

Le grènetier, la boulangerie.

L'échanson a soin du vin ; il a sous ses ordres un domestique chargé de placer dans le réfectoire des baguettes enduites de glu pour y prendre les mouches qui incommodaient les frères.

L'hospitalier a soin des hôtes.

Le connétable a soin des écuries, des chevaux, des mules, etc. Il donnait aux hôtes des fers pour leurs chevaux quand ils en manquaient. On ne donne de fers à cheval ni l'hospitalité à ceux qui vont à Corbie pour leur commerce ou leurs plaisirs mais à ceux qui y passent sans séjourner.

Chaque semaine, l'aumônier parcourait tout Corbie avec ses domestiques portant dans des paniers du pain et de la viande aux pauvres malades ; il entrait chez les hommes, et, chez les femmes, il se tenait sur le seuil et envoyait son domestique ; à tous, il portait des paroles de consolation. On plaçait des rameaux de buis dans le réfectoire pour chasser les mouches qui incommodaient les frères. L'infirmier devait avoir le plus grand soin des malades nuit et jour, les pourvoir dans leurs besoins de viandes, de volailles, d'amandes.

17. L'abbé de Corbie, dit dom Cocquelin, avait le pouvoir d'ordonner le duel entre ses nobles pour vider leurs querelles. Au départ pour la guerre, il avait un connétable, un maréchal, qui était seigneur d'Avesnes, et un *dorsuarius* qui était le seigneur de Fouilloy ; à ses repas, il avait un échanson. Outre son abbatiale de Corbie, l'abbé avait un superbe logement à Saint-Germain des Prés, un autre à Compiègne et un troisième à Louvain.

18. Suivant dom Cocquelin, le comté de Corbie renfermait 200 villes et villages outre plus de 25 autres donnés par S. Adélard vers Cologne, Leyde, Louvain, Tournai, ce qu'on appelait le patrimoine de S. Adélard ; en 1559, ce patrimoine fut vendu à vil prix sans qu'on eût employé les formes ni la publicité voulues ; de longs procès furent entamés pour les recouvrer de 1577 à 1612 ; enfin l'affaire fut jugée dans le conseil de Tournai en 1672 en faveur de l'abbé Philippe de Savoie et du couvent de Corbie avec restitution des fruits.

19. Cocquelin ne cite que douze pairs : les seigneurs de Boves, Picquigny, Heilly, Morcourt, Brunaulieu, Avesnes, Moreuil, Septenville, Talmas, Warloy, Ribemont et Encre, mais ce dernier fut supprimé par la suite.

20. Dans son histoire de l'abbaye de Corbie, publiée dans le t. VIII des mémoires de la Société des Antiquaires de Picardie, l'auteur, D. Benoît Cocquelin, official de 1672 à 1678, puis prieur de l'abbaye du Tréport, donne la suite des abbés de Corbie, qui diffère de celle du P. Daire; nous reproduirons les principales différences. Theodefride, dit D. Cocquelin, mourut vers 675, d'autres disent le 9 octobre 681; il fut évêque d'Amiens et non d'Arras, ni d'Albi, ni de Cambrai.

21. Rodogarius, seu Chrodogarius; il fut élu en vertu de privilèges accordés par Bertefride, évêque d'Amiens.

22. Très savant.

23. Cocquelin donne pour successeur immédiat à Sébastien Epimoald, et ajoute qu'il fut envoyé en ambassade par Charles Martel à Grégoire II; il lui donne pour successeur Léger sous Pépin le Bref et dit qu'il assista au concile d'Attigny, qu'il souscrivit; il obtint du roi la confirmation des privilèges de l'abbaye. Addon lui succéda.

24. Il mourut en 780; il divisa, de l'avis du couvent, les biens en trois parts : une pour la vie des moines, une autre pour les hôtes, les pauvres et les malades, et la dernière pour l'église et ses restaurations.

25. Adélard gouverna l'Italie et fonda la nouvelle Corbie; en 814, il fut exilé par Louis le Débonnaire et privé de son abbaye, mais il fut rappelé en 820 et rendu à sa dignité. Pendant son exil, il fut remplacé par Adélard le Jeune, qui mourut en 824 après avoir cédé sa place à S. Adélard.

26. Il mourut de la peste en Italie en 836, et, comme son frère, il éprouva bien des malheurs. (V. Velly, t. II.)

27. Il obtint le péage du pont de Daours.

28. Saint et docte personnage; écrivain fécond et distingué; il défendit à ses frères d'écrire sa vie.

29. Il fut envoyé souvent comme ambassadeur auprès des rois et des papes : il obtint du pape Benoît III la confirmation des privilèges de l'abbaye; cette bulle sur papyrus se trouve aux archives d'Amiens. Mort en 860.

30. Il mourut en 862.

31. Des moines perfides, dit Cocquelin.

32. En 875, il souscrivit à la fondation du monastère de Charlieu, au diocèse de Mâcon, dont le premier abbé

fut Hubert, moine de Corbie. En 882, les Normands ravagèrent Corbie.

33. Ou Neilon, abbé durant neuf mois.

34. Frère d'Hermenfroy, comte d'Amiens ; c'est sous lui que fut transféré le corps de S. Gentien en 893. Il fit entourer Corbie de murailles pour protéger cette ville contre les Normands. En 892, il obligea les hommes liges de l'abbaye de se rendre trois fois l'an aux plaids : à la Nativité, à Pâques et à la Pentecôte, d'y rester trois jours vivant à leurs frais et de se présenter à l'abbé sous des peines graves.

35. Il fit de bons règlements sur la monnaie de Corbie d'après Caulaincourt, mais ce règlement fut dû à un usurpateur de ce nom vivant en 1085.

36. Ou Valter.

37. Il fit transporter le corps de S. Précord de Vesli, à trois lieues de Soissons, village dépendant de Corbie. Mort en 945.

38. Il fit tellement fleurir la discipline du monastère que des Anglais, strictes observateurs, vinrent l'étudier à Corbie ; on cite entre autres S. Dunstan et S. Ethervolde. De son temps, l'église de Corbie fut brûlée par Raoul, comte de Cambrai. Mort en 965.

39. Il fit travailler les moines aux saintes Écritures et à la transcription des livres ; beaucoup de manuscrits de son temps subsistent encore. En 985, il souscrivit au concile de Mont-Sainte-Marie en Tardenois, près de Soissons. En 946, deux chefs lorrains s'emparèrent des terres et usurpèrent le titre de comtes de Corbie. Le territoire fut dévasté par Isembard et Vermond. Sous lui, on perfectionna le chant, qui fut noté.

40. Noble, plein d'autorité, fit revivre la discipline. Robert, fils de Hugues Capet, persécuta l'abbaye, ainsi que Gauthier le Blanc, comte d'Amiens. Sous lui, la curiosité d'un moine qui voulut voir la châsse de primes fut punie d'aveuglement. Il mourut en 1014.

41. L'église de Corbie fut brûlée en 1022 ; la peste et la famine sévirent dans la contrée ; pour détourner la colère divine, les habitants d'Amiens et ceux de Corbie firent une procession avec les corps saints jusqu'à moitié chemin de chacune de ces deux villes ; il s'opéra plusieurs

miracles. Il obtint en 1016 une charte du roi Robert pour réprimer les exactions d'Effroy d'Encre, avoué de Corbie.

42. En 1034 avait eu lieu l'élévation du corps de S. Adélard ; plusieurs miracles eurent lieu à cette occasion.

43. Il assista au concile de Reims sous Léon IX, qui confirma et augmenta les privilèges de l'abbaye. En 1085, il prit part au concile de Compiègne. Il visita Rome avec S. Gérard, un de ses moines, et, en 1073, il se rendit à la nouvelle Corbie en Saxe. Cet abbé paraît avoir fondé les Caritables. C'est sous son administration que le moine S. Gérard rebâtit la nef de l'église de l'abbaye.

44. Dom Cocquelin ne fait point mention de cet abbé.

45. Il érigea le prieuré de Saint-Laurent aux Bois pour des chanoines réguliers. Il mourut en 1123.

46. Il institua la fête des saintes reliques. C'est d'après son consentement que les habitants de Corbie obtinrent une charte de commune du roi Louis VI. En 1137, après le départ du roi, les églises de Notre-Dame et de Saint-Pierre et une partie de la ville furent brûlées ; le monastère fut incendié en 1149 ; pour le réparer, Drogon, châtelain de Corbie, et Bernard de Moreuil fournirent des bois de leurs forêts, mais Gautier d'Heilly refusa de suivre leur exemple. C'est sous son administration que l'on transporta les corps saints au champ de l'indict à la 3e férie après la Pentecôte ; on y établit une croix.

47. Il était fils de Bernard. L'abbaye fut brûlée en 1152. Il mourut en 1158. C'est le premier abbé qui se servit d'un sceau.

48. Il établit un cierge ardent de jour et de nuit devant les reliques. Il obtint du pape Alexandre III de pouvoir censurer ceux qui faisaient tort au monastère ; il obtint la protection du souverain pontife contre Henri, archevêque de Reims, frère de Louis VII. Il fut cardinal et évêque de Prenestre, mais il mourut avant sa consécration en 1172. Un règlement fut fait par Louis VII en 1172 entre l'abbé et la commune de Corbie.

49. Il fut élu malgré le roi Louis.

50. Nommé Josse par Cocquelin, qui le dit ami du roi Philippe-Auguste.

51. Nicolas dit de Rouais. Le roi Philippe-Auguste lui donna satisfaction pour les dommages causés à l'abbaye

par l'établissement de la commune fondée par son père. Il divisa en six paroisses la paroisse de Saint-Albin. Méconnaissant les privilèges et les droits de son église, il résigna son abbaye entre les mains du roi en 1193.

52. Witechinus, abbé de la nouvelle Corbie, dite de Saint-Vit, en Saxe, visita Corbie en s'avouant fils de ce monastère ; il donna en témoignage son anneau d'or aux frères. Sous Gérard, la paroisse du Saint-Sépulcre hors les murs à la porte d'Encre fut transférée dans la ville sous le nom de Saint-Eloi. Foulques, excellent prédicateur, cédant aux prières des moines, ouvrit la châsse dite la Prime, dans laquelle était *de sanguine, capillis, umbilico, præputio, vestimentis* D. N. J.-C.

53. Dit de Fouilloy ; il mourut le 6 des calendes de juin 1201.

54. Il fut déposé pour sa mollesse en 1209. Des arbitres adjugèrent à l'abbaye de Corbie le prieuré de Saint-Laurent aux Bois et celui de Saint-Nicolas de Rugny près d'Oresmaux, qui en dépendait.

55. Homme prévoyant, honnête et savant théologien ; il fut déposé par Innocent III parce que son élection avait été faite avant la déposition canonique de son prédécesseur ; mais, en 1212, à cause de sa prudence et de sa sainteté, son élection fut confirmée.

56. Il mourut au mois de janvier 1240.

57. Cet abbé établit dans l'église de Saint-Étienne la Charité et réduisit de 40 à 20 le nombre des Caritables ; il leur désigna leurs devoirs et leur assigna des revenus. Vers 1240, S. Louis l'envoya comme ambassadeur auprès de l'empereur Frédéric. La fête de l'Indict, dite des Pardons, attirait une grande foule à Corbie, aussi l'abbé ordonna-t-il que quelques hommes liges de l'abbaye garderaient les reliques en armes ; cette garde avait encore lieu en 1730.

58. Ce fut lui, en effet, qui bâtit à grands frais et avec magnificence les cloîtres et le réfectoire ; celui-ci fut rebâti vers 1275 par Rançon, premier proviseur de l'abbaye ; il mourut en 1269.

59. Il refit un règlement pour les Caritables.

60. En 1298, le pape Nicolas III (ou IV) lui accorda le droit de bénir les ornements sacerdotaux et les autels

de son abbaye et de sa juridiction. En 1310, le droit de commune ayant été aboli à cause des dettes contractées sous Philippe IV, l'abbé le racheta ; il renversa le beffroi et se réserva pour lui et pour ses successeurs de nommer un prévôt et des échevins. Il mourut en février 1315.

61. Il mourut quand il allait être déposé pour ses prodigalités, qui avaient endetté l'abbaye de 35.000 livres.

62. Il fut mis à la tête de la chambre des Comptes avec l'abbé de Marmoutiers. Il servit le roi à la bataille de Crécy. Il commença le nouveau portail de l'église du côté du cloître, qu'il acheva de bâtir. Il répara les murs de la ville et la fit fortifier avec soin en avançant de l'argent aux bourgeois.

63. Savant et saint personnage.

64. Gilles de Carelles.

65. Il lutta contre Gilles de Blangy, capitaine de la ville de Corbie sans l'assentiment de l'abbé.

66. Il était âgé de 84 ans. Il avait fait bâtir un nouveau chapitre et une chapelle près de celle de Sainte-Bathilde.

67. Son frère aîné était grand chambellan.

68. Homme plein de constance et inébranlable pour soutenir les droits de l'abbaye, il obtint en 1400 un arrêt du Parlement contre l'évêque d'Amiens pour conférer les ordres mineurs, et, pour les ordres majeurs, il obtint le droit d'appeler les évêques qu'il voudrait. Il fit beaucoup de constructions, décora de peintures la chapelle de Sainte-Bathilde et donna des ornements et des reliquaires d'argent.

69. Cet abbé, plein de fermeté, soutint les droits de l'abbaye malgré la mauvaise fortune.

70. L'abbaye protesta contre cette confirmation d'élection qui n'avait été accordée qu'à cause de la longue vacance du Saint-Siège.

71. Avant de mourir, il donna, pour être mise dans la caisse de l'abbaye, une somme de 2.300 livres. Il avait fait construire en dehors des murs, près des vignes, une belle maison appelée *Seborna*.

72. La même année, il avait reçu magnifiquement le dauphin Louis, qui se rendait au siège de Dieppe.

73. Homme très actif et très dévoué aux intérêts et à la dignité du monastère, il refusa, malgré les menaces du

roi en 1445 de laisser bâtir par Philippe de Saveuse, gouverneur d'Amiens, un couvent de Sainte-Claire parce que cela préjudiciait aux privilèges de l'abbaye. Il fit don de deux grosses cloches, l'une dite du Saint-Sacrement et l'autre dite des dimanches ; il décora de trois coupoles la chapelle de Sainte-Madeleine en 1453 et, l'année suivante, il ajouta quatre colonnes autour du lavoir dans le cloître. Avant de mourir, il fit don au couvent de 1.080 couronnes d'or.

74. Plein de douceur et d'aptitude pour les sciences, il se conduisit partout avec noblesse ; il était l'âme des festins par sa belle humeur et ses facéties spirituelles. En 1477, les malheurs du temps le forcèrent à se démettre en faveur de Jean Dansquennes ; trois ans après, il mourut octogénaire, consumé de chagrins et de maladies.

75. Éloquent mais adonné aux plaisirs, cet abbé dilapida les biens du monastère ; ses jours furent abrégés par Dieu ; il ne gouverna que pendant 13 mois et demi.

76. Les moines préféraient Pierre d'Ostrel, ce qui donna lieu à de graves procès, qui prirent fin en 1485, car, à cette date mourut le frère aîné de François de Maillé, et ce dernier quitta l'état religieux pour continuer le nom de sa famille.

77. Zélé pour l'agrandissement et la prospérité du monastère, cet abbé se montra plein de dévotion et d'ardeur pour le service divin ; tous les matins, il célébrait la messe de bonne heure afin que plus de monde pût y assister. Il commença en 1501 la construction de la grande église, mais il mourut avant qu'elle ne fût achevée. L'abbaye était alors peu nombreuse, puisqu'elle ne comptait que 46 moines, et il n'y avait pas assez de prêtres pour acquitter les fondations.

78. Il soutint beaucoup de luttes contre les adversaires de l'abbaye, et, après sa mort, fut encore l'objet de persécutions, car son corps demeura seize jours sans être inhumé et les moines furent retenus prisonniers par des soldats envoyés par les capitaines de Corbie pour qu'ils ne pussent procéder à une nouvelle élection. Il fut enseveli dans un tombeau richement décoré dans la chapelle de la B. Marie.

79. D. Cocquelin l'appelle Sébastien de la Chambre et le dit neveu de Philippe de la Chambre, qui précède, lequel avait résigné en faveur de son neveu.

80. D. Cocquelin le nomme Louis, et le qualifie cardinal, évêque de Prenestre, de Laon, de Caen, archevêque de Sens, abbé de Saint-Valery, de Saint-Vincent près Laon, de Saint-Crépin le Grand, etc.

81. Il fut cardinal, évêque de Nevers, archevêque de Rouen, légat d'Avignon, abbé de Corbie en 1558, par la renonciation du précédent en sa faveur. En 1559, le patrimoine de S. Adelard en Flandre, en Brabant et dans le diocèse de Leyde fut vendu à vil prix sans qu'on eût employé les formes et la publicité voulues ; de nombreux procès furent intentés pour le recouvrer, notamment en 1577 et en 1612 ; l'affaire fut enfin jugée dans le conseil de Tournai en 1672 en faveur de Philippe de Savoie et du couvent de Corbie avec restitution des fruits ; pour le paiement de la somme de 3.000 livres imposée au monastère, l'abbé vendit les reliquaires, les châsses de grand prix, des calices, un bâton pastoral, des candélabres et les encensoirs d'argent. En 1569, le même abbé avait envoyé à Rouen une partie du lait de la Ste Vierge, qui était conservé dans le monastère de Corbie.

82. C'est lui qui introduisit en 1618, dit Cocquelin, la réforme de Saint-Maur, qui produisit des fruits remarquables de piété et de science. Corbie, qui avait été un sanctuaire de science, une école de sainteté, en était arrivé au point d'ignorer le nom et la règle de Saint-Benoît.

83. Il était né en 1658 ; il n'avait donc pas trois ans lorsqu'il fut nommé abbé de Corbie, du Gard et de Saint-Médard de Soissons.

84. Cet abbé, savant en astronomie, fut abbé de Corbie de 1756 à 1788, année de sa mort. Il eut pour successeur Étienne-Charles de Loménie de Brienne, cardinal, mort en 1794.

II

FOUILLOY

(Canton de Corbie, 1032 hab.)

Fouilloy, *Folloy, Folloisium* en 1288, *Folliacum, Follietum,* situé en plaine dans la comté de Corbie, est mouvant du fief de Boves. Les habitans, au nombre de 250, ont pour ressorts le bailliage et l'élection d'Amiens dont ils suivent la coutume. La filature de laine en occupe une partie. Quoique ce lieu ne consiste aujourd'hui qu'en une rue ou chaussée, ses débris font présumer qu'il étoit autrefois plus considérable. Le chapitre d'Amiens a une partie de la seigneurie ; l'autre a passé de la maison de Fouilloy en celles de Raineval, d'Ailly, de Hames et d'Estourmel. L'abbaye de Corbie rendoit 60 s. annuellement sur le travers à la baronnie de Boves, mais Enguerran lui en fit la cession en 1202.

Hugues de la Houssoye échangea l'an 1224 la prévôté avec l'abbaye contre le bois de Cardonnoy. (Du Cange, Recueil D.) Ce prévot en étoit homme lige.

En 1288, Fouilloy ne formoit qu'une prévoté roialle * avec

* Prévôté de Fouilloy :
Martin Dengreville, lieutenant du prévôt, 1547.
Michel des Alleux, sieur de Maigremont, élu à Doullens, prévôt, 6 novembre 1586.
Pierre des Alleux, procureur de Seronne-Boullet, 1589, résigne en 93.
Claude Eudel, avocat en Parlement, prévôt, 1688.
Antoine Eudel, prévôt, étoit mort en 1586.
Philippe-Honoré Eudel, avocat en Parlement, prévôt par démission de Claude, son père, 1706.

Beauquène. Le roi, qui l'avoit donnée à bail au comte de Charolois l'an 1465, s'en saisit sur le duc de Bourgogne en 1470 et la réunit au domaine. Les officiers de cette justice, dont le siège est à Corbie depuis 1430, sont un prévôt, un procureur du roi, un substitut du procureur du roi, un greffier, un huissier et quatre sergens. Le prévôt a réuni les charges de vérificateurs, de commissaires enquêteurs-examinateurs et de conseiller-garde scel. Jacques Thiquet est le plus ancien prévôt connu en 1370.

Les endroits qui composent la prévôté sont :

Abancourt.
Agnicourt-le-Petit.
Aubercourt, partie Péronne.
Aubigny.
Barette.
Bavelincourt.
Bertaucourt-lez-Thenes.
Bezieu Grand et Petit.
Blangy-sur-Somme.
Bonnay.
Boves.
Bouzencourt, écart près Hamel.
Bresle.
Buire.
Bussy-lez-Dours.
Cachy.
Camons.
Cerisy.
Chipilly, partie Montdidier.
Corbie.
Demuin, partie Montdidier.
Domart-sur-la-Luce.
Dours.
Fouilloy.
Franviller.
Frechencourt.
Gailly, ferme.
Gentelle.
Glimont.
Glisy.
Hamel.

Claude Gaudefroy, avocat, prévôt, 1666, mort en 88.
J. Joly, licentié ez-loix, conseiller du roi, prévôt, 1636, résigne en 66.
Fr. Joly, lieutenant-particulier, prévôt, assesseur criminel, 1641.
Christophe Laignel, prévôt, 29 août 1593, mort en 1636.
Fr., son fils, prévôt, 11 avril 1615.
Christophe Langevin, lieutenant-particulier, mort en 1641.
Antoine Legrand, prévôt, résigne en 1522.
Pierre Lefebvre, prévôt, 1477.
Pierre le Masson, prévôt, 5 octobre 1576.
Fr. Perdu, prévôt, 1641.
Claude Perdu, prévôt, 1631.
Adrien Vinet ou Vinot, prévôt, 1552.

Hamelet.
Hangard.
Happeglenne, partie Montdidier.
Heilly.
Hennencourt.
Herville, hameau.
Houssoye (La).
La Motte-Brebière.
La Mothe-en-Santerre.
La Motte-lèz-Heilly, ham.
Marcelcave.
Méricourt-l'Abbé.
Montigny.
Mons-à-Moulin, ferme.
Morcourt.
Neuville-lez-Corbie.
Pont-lez-Querrieu.
Querieu.
Ribeaucourt.
Sailly-Lauret.
Sailly-le-Sec.
Saint-Gratien.
Thenes.
Thesy.
Treux.
Tronville.
Vaire-sous-Corbie.
Vaux-sous-Corbie.
Vecquemont.
Vieuville (La).
Ville-sous-Corbie.
Villers-Bretonneux.
Villencourt, ferme.
Warfusée.
Warloy.
Wiencourt.

Une ancienne notice des prévôtéz de Corbie et de Fouilloy ajoute :

Alonville.
Avesnes.
Beaucourt.
Bethencourt-le-Noir.
Boucacourt.
Clairfay.
Cange.
Contay.
Etinehem.
Follemote.
Hedauville.
Herauginere.
La Barre-l'Equipée.
Longueau.
Muserville.
Neuville-lèz-Amiens.
Orbendas.
Rivery.
Ribemont.
St-Pierre, faub. d'Amiens.
Prouville.
Senlis en partie.
Varennes.
Willecourt.
Warville.
Wagny.

La collégiale de Saint-Mathieu, où l'on révère la tête de cet apôtre, est desservie par un chapitre originairement composé de 15 chanoines réduits depuis à 7, dont 5 résidants. Girard, seigneur de Picquigny, donna en décembre 1204 une rente d'un demi-millier de harengs à prendre au pont de Picquigny. En 1211, Raoul d'Heilly, archidiacre de Ponthieu, institua deux prébendes fondées par Hugues de Vers, chanoine de Noyon, et par Thomas, son élève[a]. Les titres nomment cet archidiacre abbé des prébendes qu'il remit à l'évêque Évrard l'an 1219 du consentement de Gauthier d'Heilly. Ce prélat en établit une à laquelle il attacha les dîmes de l'Épinoy en 1216. Gautier, doien d'Encre, en fonda une l'an 1227 sur le produit des dîmes de Bellumont et Hamel[b]. Enguerran de Helly, frère de Gautier, et chanoine d'Amiens, fonda une chapelle l'an 1258 dont l'évêque Alelme accorda la nomination au chapitre, à qui l'évêque Guillaume de Macon donna l'an 1281 la jurisdiction sur les chanoines vicariaux.

L'évêque Geoffroy, en décembre 1233, fixa les prébendes à 15 et les rendit égalles. Les statuts concernent l'office divin, les distributions, les résidences, les absences, et il charge le doien du soin des chanoines. Son successeur Arnoul leur deffend dans les siens, dattéz de l'an 1240, de jouer aux osselets ou aux déz devant le porche ou dans la place vis-à-vis l'église ; d'avoir des concubines, d'aller au cabaret, d'être usuriers, de porter des armes et des chapeaux garnis de fleurs ; il retint aussi la collation des prébendes auxquelles les prélats nomment encore.

Le doien, dont le premier nommé, Jean Aloe, paroit en 1239, est élu par le chapitre et confirmé par l'évêque. On a réuni une prébende à sa dignité, ce qui lui produit le double des chanoines. Une sentence rendue l'an 1258 au mois de novembre par Anselme, archidiacre d'Amiens pen-

a. *Spicileg.*.
b. *Chron. Corbie*...

dant la vacance du siège, a droit de prendre les cires à la mort des chanoines contre les prétentions du curé, Robert de Fontaines. Le prévôt est nommé par l'évêque. Pendant le siège de Corbie en 1636, les chanoines célébroient l'office à Amiens dans la chapelle de St-Valery.

L'église paroissialle, dédiée à S. Matieu, a l'évêque pour patron et pour décimateur l'abbé de Corbie à qui le chapitre d'Amiens céda les dîmes moiennant une redevance en grains l'an 1295 *. Le curé est chanoine de la collégialle. La chapelle du St-Sépulcre est à la nomination de l'abbé de Corbie. Celles de St-Jacques, de St-Michel, de St-Nicolas et de St-Mathieu sont du patronage du chapitre. L'ancien prieuré, sous le nom de St-Denis, dépendoit de l'abbaye de St-Fuscien. (Du Cange, Recueil B.) Dans le treizième siècle, il y avoit un hôpital ou maladrerie à Fouilloy, dont les biens, réunis à l'Hôtel-Dieu de Montdidier par arrêt du Conseil du 13 juillet 1695, le furent depuis à l'hôpital de Corbie. La chapelle de St-Thibaud, dans la maladrerie, a l'abbé de Corbie pour patron.

Les anciens titres renseignent un village nommé St-Anschaire existant dans la banlieue.

Le grenier à sel est composé d'un président, un grénetier, un controleur, un procureur du roi et un greffier. La moitié de la vicomté appartient à l'abbaye de Corbie, l'autre à l'échevinage de Fouilloy, qui la tient de Boves.

Les meuniers des moulins de Fouilloy sont serviteurs *(famuli)* de l'abbaye de Corbie; leurs héritiers font serment de fidélité à l'abbé lorsqu'il les remplace et la même chose au renouvellement de chaque abbé. Quoique dominé par l'argile sablonneuse, le territoire produit du bled et de l'avoine. On y trouve de la craye.

* Cart. de Fouilloy.

III

AUBERCOURT[1]

(Canton de Moreuil, 72 hab.)

AUBERCOURT, *Auberti Curtis,* relève de la baronnie de Boves[2]. On y compte 78 habitans. Le château fut rasé en 1593. L'église, dédiée à St-Quentin, a pour patron le chapitre de Fouilloy, qui dîme avec la communauté des curéz d'Amiens et le curé, chacun pour un tiers. La fabrique a 250 l.[3] On voit dans l'église, qui est bien décorée, une croix ancienne de cuivre doré, portant un christ sur la tête duquel est une couronne roialle et à ses pieds un homme à genoux en cheveux courts et robe longue[4]. Les curéz d'Amiens ont acheté, avec l'agrément de l'évêque Geoffroy, l'an 1235, leur portion de dîmes de Vautier, dit Loup d'Aubercourt, moiennant 140 l. parisis.

NOTES

1. Bibliographie : *Deux villages du Santerre, Ignaucourt et Aubercourt,* par Alcius Ledieu. Amiens, Delattre-Lenoël, 1881. In-8°.

2. La seigneurie de ce lieu relevait en pairie de la châtellenie de Boves. Dans le principe, les seigneurs en portaient le nom. Gérard d'Aubercourt, chevalier, vivait en 1192. Regnault de Hangard fournit aveu de la terre d'Aubercourt en 1401, et, en 1425, la même formalité était remplie par Beaugeois de Rubempré, qui avait épousé

l'héritière du précédent. Antoinette de Rubempré porta la terre d'Aubercourt à Charles de Mauvoisin, écuyer, qui en fournit le relief en 1570 ; leur fils, Adrien de Mauvoisin, seigneur d'Aubercourt en 1590, vendit cette terre trois ans plus tard à Philippe du Bos, écuyer, seigneur de Drancourt ; sa femme, Marie de Louvencourt, morte sans enfants en 1611, légua cette seigneurie à Marie d'Aguesseau, qui devint la femme de François le Picard, écuyer, seigneur de Sonvillers et de Pertain. Ce domaine retourna vers 1748 aux d'Aguesseau et le dernier seigneur en 1789 était Charles-Albert Xavier, marquis d'Aguesseau, marié par contrat du 20 juillet 1778 à Pétronille-Jeanne Brunet d'Evry.

3. Le revenu de la cure était de 478 livres en 1728 ; la paroisse, dit le curé, ne se composait que de 15 ou 16 ménages, la plupart de pauvres gens ; en 1772, le revenu était de 659 livres, et celui de la fabrique de 250 livres ; il y avait alors 54 communiants.

4. Cette croix n'existe plus. L'église, qui n'a rien de remarquable, se compose d'une nef qui paraît n'être que celle d'une église beaucoup plus importante construite au XVIIe siècle après l'invasion espagnole. La cloche a été baptisée en 1789 et eut pour parrain le seigneur du lieu.

IV

AUBIGNY

(Canton de Corbie, 595 hab.)

AUBIGNY[1], *Albiniacum,* mouvant de la baronie de Boves[2], fut brûlé par les Espagnols le 4 septembre 1636. Il y avoit échevinage en 1553. On y compte 290 habitans. *Destreel* et petit *Bullert* sont tenus du château.

L'église, dédiée à Ste Colombe, est ancienne, et la charpente en est belle[3]. Un doigt de la sainte patronne y attire nombre de pèlerins. La figure des croix qui se voient sur trois tombes de grès en prouvent l'antiquité. Le prieur-curé est à la nomination de l'abbé de St-Acheuil-lez-Amiens depuis 1155 *. Le chapitre d'Amiens céda les dîmes à l'abbaye de Corbie l'an 1295 à la charge d'une redevance en grains[4]. La fabrique n'a que 50 l.[5] La chapelle de St-Georges ne produit rien, quoique titrée.

NOTES

1. Ce village est mentionné dans l'acte de fondation de l'abbaye de Corbie en 662.

2. Les premiers seigneurs en portaient le nom. Gamelon d'Aubigny, chevalier, vivait en 1069; en 1080, il signe comme témoin une transaction entre l'abbé de Corbie et

* *Chron. Corb.*

le seigneur de Boves. Baudouin d'Aubigny prit part à la bataille de Bouvines en 1214. Hugues, son fils, assista à la même bataille. Regnault d'Aubigny, chevalier, fit hommage de sa terre d'Aubigny à l'abbaye de Corbie en 1325. Jean d'Aubigny, son fils, vivait en 1352. Robert d'Aubigny, 1364. Jean d'Aubigny, 1410. Hue de Guisy, époux de Marie d'Aubigny, 1422. Jean d'Aubigny, parent de celle-ci, était seigneur d'Aubigny en 1438. Jean Vilain devint seigneur de ce village par l'acquisition qu'il en fit en 1476. Sa fille, Marguerite Vilain, épousa Jean de Saint-Delis, écuyer, seigneur de Heucourt, Havernas, Saint-Germain et le Merlier, député aux états de Tours en 1485 ; de cette union sont issus 19 enfants ; le cadet, Adrien de Saint-Delis, fut l'auteur de la branche des Saint-Delis d'Aubigny. Pierre de Saint-Delis, écuyer, vendit la seigneurie d'Aubigny en 1603. Jean du Fresne, écuyer, était seigneur d'Aubigny en 1680 ; ses descendants lui succédèrent dans la possession de ce domaine, qui appartenait en 1789 à Charles du Fresne, seigneur de Beaucourt, où il demeurait. En 1572, le château de ce village était fermé de murailles et entouré de fossés pleins d'eau que l'on faisait dériver de la Somme ; le domaine seigneurial consistait alors en 420 journaux de terre. — Le fief Buquet ou Becquet, d'une contenance de 54 journaux, était situé à Aubigny ; il appartenait en 1557 à Antoine du Hamel, écuyer, seigneur de Bourseville. En 1509, Philippe Cannesson possédait un fief à Aubigny, qui lui donnait le droit de s'intituler seigneur de ce lieu ; il passa par héritage aux du Hamel. Léon dit Lionnel du Hamel, chevalier, seigneur dudit lieu, fils aîné de Simon et de Catherine Cannesson, épousa Catherine d'Occoches. Un autre fief appartenait aux des Essars en 1532, et à Adrien des Essars en 1594. Louis de Bains, chevalier, était qualifié seigneur d'Aubigny en 1670.

3. L'église actuelle a été rebâtie en 1821 ; la précédente avait été construite en 1527 sur un quartier de terre donné par l'abbaye de Corbie ; les habitants s'engagèrent à donner un homme vivant et mourant, qui, chaque année, devait, la veille de St-Jean-Baptiste, pendant les vêpres, apporter un chapeau ou couronne de boutons de roses rouges sous peine d'une amende de 5 sols.

4. Les dîmes d'Aubigny étaient affermées 300 livres en 1729. Outre ces dîmes, l'abbaye de Corbie possédait

dans ce village 356 journaux de terre et 3 journaux de pré. En 1335, l'abbaye accorda à titre gracieux à Regnauld d'Aubigny l'autorisation de placer une huche destinée à garder du poisson quoiqu'il n'eût aucun droit de pêche dans la rivière, mais il devra enlever la huche à la première réquisition. Plus tard, l'abbaye permit à Jean Vilain, à la même condition, de faire un pont de bois pour passer dans une île qui lui appartenait.

5. Le revenu de la cure fut successivement de 347 livres, 480 livres puis 405 livres ; celui de la fabrique, de 258 livres ; il y avait 160 communiants au XVIIIe siècle.

V

BEAUCOURT-EN-SANTERRE

(Canton de Moreuil, 192 hab.)

BEAUCOURT, *Bella Curtis,* relève de la baronie de Boves [1]. On y compte 210 habitans, sous l'élection de Doullens [2]. Au mois de janvier 1235, Robert de Boves, chevalier, vendit à l'Hôtel-Dieu d'Amiens huit [bouviers] [3] de terre sur ce terroir dit de Boccourt avec l'agrément de Gilles de Maisières, du fief duquel cette terre dépendoit [4].

A la voûte de l'église, qui est ancienne, paroît une main bénissante et tombante à plomb sur l'autel. Le tableau de cet autel représente un Christ dont un vieillard à genoux embrasse les pieds ; S. Etienne, en tunique, semble vouloir embrasser le côté du Sauveur ; une princesse en habit roial regarde l'homme-Dieu d'un air de compassion, et, de l'autre côté, Ste Agathe découvre son sein coupé qu'on ne voit qu'avec horreur, tant le peintre a bien rendu cette opération cruelle [5]. Cette église, dédiée à St-Pierre, est du patronage de l'abbé de Moreuil, qui dîme avec celui de Saint-Fuscien, les Sœurs-Grises de Montdidier et le curé. La fabrique à 100 l. [6] La ferme de *Begendet* ou *Bigaudes* est dans le voisinage [7].

NOTES

1. Sotbert de Beaucourt, premier seigneur connu, vivait en 1154. Enguerrand de Rouvrel et Robert de Rouvrel, chevalier, possédèrent successivement ce domaine au XIIIe siècle. Agnès de Mézières était dame de Beaucourt en 1364. Jean Noiret, écuyer, 1388. Regnault Mouret, écuyer, 1414. A la fin du XVe siècle, la famille de Fouencamps possédait la terre de Beaucourt; elle passa ensuite par héritage à Jean de Festart, écuyer, neveu de Pierre de Fouencamps. Marie-Anne de Festart, fille de Charles et de Marie-Denise de Pigroy, épousa par contrat du 1er avril 1687 Etienne-Claude l'Aubespine, comte de Verderonne, auquel elle apporta la seigneurie de Beaucourt, qui fut vendue par leur fils, Etienne-Louis de l'Aubespine, marquis de Beaucourt. Le comte Etienne Tiercelin de Brosse, acquéreur du précédent, eut, de son mariage avec Marie-Augustine-Alexandrine de Créquy-Heucourt, une fille qui épousa le suivant le 16 mars 1756. Barbe-Simon, comte de Riencourt, fils de René-Léonor et de Jeanne de Forceville, devint seigneur de Beaucourt par son mariage avec Marie-Antoinette Tiercelin de Brosse.

2. Le P. Daire a confondu ici Beaucourt-sur-l'Hallue, de l'élection de Doullens, aujourd'hui canton de Villers-Bocage, avec Beaucourt-en-Santerre, de l'élection de Montdidier; ce dernier village renfermait alors 360 habitants environ.

3. Ce mot est resté en blanc, mais le P. Daire a écrit en note *bovaria;* la signification de ce mot lui aura été inconnue; on entend par bouvier l'étendue de terre labourée en un jour par un attelage de bœufs, équivalant à un journal ou 42 ares environ.

4. On a fréquemment découvert des antiquités romaines sur le territoire de Beaucourt, surtout en labourant; des monnaies, des vases, des tombeaux sont souvent mis à jour; on découvre aussi des haches en silex de l'époque néolithique ou de la pierre polie; les tuiles à rebords y sont nombreuses.

5. Cette œuvre d'art n'existe plus; au reste, l'église a été l'objet de tant de restaurations modernes qu'elle n'a rien conservé de son architecture primitive, datant du

XIIIe siècle ; la nef a été refaite en 1830 ; le clocher et le chœur ont été reconstruits en 1875 ; des trois cloches, la plus ancienne est celle qui a été bénite en 1784 ; les deux autres proviennent de l'église de Villers-Bretonneux. On remarque, dans la chapelle sépulcrale, plusieurs inscriptions du XIXe siècle rappelant l'inhumation de différents membres de la famille de Riencourt.

6. Le revenu de la cure était de 500 livres en 1728 et celui de la fabrique de 148 livres en 1772. Il y avait alors 200 communiants.

7. Il y a encore confusion ; la ferme de Bigaudes était située entre Mirvaux et Beaucourt-sur-l'Hallue.

VI

BLANGY-TRONVILLE

(Canton de Boves, 322 hab.)

Blangy-sur-Somme, *Blangiacum, Blanziacum*, relève de la baronie de Boves [1]. L'abbaye de Corbie a la troisième partie de la terre. On y compte 330 habitans de l'élection d'Amiens. Il y avoit mairie en 1689 [2]. Le fief d'Estrée relève noblement de Boves. L'église, dédiée à St-Médard, est à la collation du chapitre d'Amiens, qui a une portion de dîme donnée en 1420 par Jean Picquet Archambaut et Alerme de Clary, chanoine [a]. L'abbaye de Corbie a abandonné son tiers. La fabrique a 100 l. [3]

Le couvent des Cordeliers fut fondé par Jean de Mailly vers l'an 1499 [4], et un homme pieux nommé Beauvisage fit construire le cloître [b].

La ferme de *Tronville* [5], *Tronvilla, Trucivilla,* et le fief dit Pullemont [6] relèvent noblement de Boves. Le chapitre d'Amiens a deux parts de dîmes sur les vignes par titre de 1423, et le curé le tiers du vingtième pot de vin. La chapelle de St-Honnoré n'est point dottée [7].

a. Registre du Chap.
b. Vadingue.

NOTES

1. Les premiers seigneurs de ce village en portaient le nom. Guillaume de Créquy, chevalier, sire du Tronquoy, fournit le dénombrement de la seigneurie de Blangy le 8 janvier 1371. Le 9 novembre 1408, pareille formalité était remplie par Jean de Mailly, dit Maillet, de la branche de Lorsignol, qui possédait en même temps la terre de Conty. Adrien de Mailly, seigneur de Talmas et de Contay, fournit le dénombrement de Blangy le 14 juillet 1486. Sa fille, Isabeau de Mailly, devint la seconde femme de Georges de Clères, sire et baron dudit lieu, auquel elle apporta la terre de Blangy. Jean de Clères, leur fils, était baron de Clères, seigneur de Beaumetz, Blangy et autres lieux; il servit le relief de Blangy le 9 mai 1559; il mourut en 1564, ayant eu deux fils d'Anne de Fouquesolles, sa première femme. Jacques de Clères, chevalier, sire et baron de Clères, marié à Louise de Balsac, vendit la seigneurie de Blangy en 1577 au suivant. François de Moreuil, chevalier, seigneur de Fresnoy, fils de Jacques et de Catherine de Belleforière, eut de son mariage avec Marie de Mairé plusieurs enfants, entre autres le suivant. Louis de Moreuil, chevalier, seigneur de Tencques et de Blangy, a servi le relief de cette dernière terre le 18 juillet 1596 après la mort de son père. Plus tard, la seigneurie de Blangy appartint à une branche de la famille de Louvencourt; le 13 décembre 1669, Louis de Louvencourt, chevalier, seigneur de Valavergny en Laonnois et du Petit Gentelles, fournit le dénombrement de Blangy. A la fin du XVIIIe siècle, cette seigneurie fut possédée par les de la Londe et les Chevardière.

2. Dans un acte du mois de décembre 1234, il est fait mention de Riquier, maire de Blangy. En 1298, l'abbaye de Corbie acheta la mairie à Jean, maire de Blangy.

3. Le revenu de la cure était de 408 livres en 1728. Il y avait 200 communiants au XVIIIe siècle.

4. C'est bien en effet vers 1499 que Jean de Mailly fit construire un couvent de Cordeliers, non à Blangy-Tronville, mais à Bouttencourt près de Blangy-sur-Bresle.

5. Tronville, qui compte aujourd'hui 14 habitants, est une annexe de Blangy. Dès le XIIIe siècle, Tronville avait des seigneurs particuliers. Marguerite, femme de Bernard, chevalier, seigneur de Tronville, légua à sa mort un muid

de blé à l'abbaye de Saint-Acheul où elle demandait à être inhumée ; Enguerrand, son fils aîné, ratifia cette libéralité par une charte du mois d'août 1239. Guérard et Arnould de Tronville comparaissent à une montre en 1337. Les de Glisy possédèrent ensuite la seigneurie de Tronville ; Guillaume de Glisy, dit le Brun, en fournit le dénombrement le 28 juillet 1413 ; le 16 juillet 1416, il vendit cette terre à Jean le Normand ; les descendants de ce dernier l'ont possédée jusque vers la fin du XVIIe siècle. Louis le Normand, chevalier, seigneur de Briquemesnil, Anquin, Boisratel et Tronville, vendit ce dernier domaine en 1674 au suivant. Jacques de Becel, écuyer, commissaire ordinaire des guerres, fournit le dénombrement de Tronville au seigneur de Boves le 27 octobre 1691 ; ce domaine consistait alors en un chef-lieu amasé de maison, pavillon, pigeonnier, granges et autres bâtiments environnés de fossés et rivière d'une contenance de quatre journaux avec pont-levis sur la rivière, en jardins, fruitier de six journaux ; de son mariage en 1665 avec Marie-Honorée de Villers, sœur de Nicolas de Villers-Rousseville, auteur du *Nobiliaire de Picardie,* Jacques de Becel eut deux fils et une fille ; celle-ci épousa Jean de Bonny, auquel elle porta la seigneurie de Tronville. Augustin Bonnardy, banquier à Paris, acheta Tronville au précédent en 1720 moyennant 120.000 livres plus 28.000 livres pour droits aux seigneurs suzerains ; il vendit ce domaine en 1743 à Jean-François-Alexandre Gorin, qui le possédait encore en 1789. Le château de Tronville, qui a passé depuis aux Langlois de Septenville, est une construction fort simple en pierres et briques élevée en 1677.

6. Ce fief, qui eut toujours les mêmes seigneurs que Tronville, consistait en un bois de 40 journaux tenant au chemin de Corbie à Boves.

7. Cette chapelle castrale, bénite en 1678, est située au fond de la cour du château de Tronville ; elle contient une cloche portant la date de 1679.

VII

BOVES [1]

(Chef-lieu de canton, arr. d'Amiens, 1717 hab.)

Boves, *Bothuensis*. L'église de St-Nicolas est seule de ce doienné [2]. Les vitrages représentant S. Nicolas qui appaise une tempête et la Cène sont assez bien peints. Sur la muraille est représenté Noël de Fontaines, sergent à cheval de la baronie, avec sa famille. Le prieur du lieu nomme à la cure et dîme avec l'abbé de Saint-Fuscien, l'abesse du Paraclet d'Amiens, l'Hôtel-Dieu, la maladrerie de Boves et le curé qui chacun ont une gerbe sur cent. La fabrique à 180 l. Les chapelles de St-Nicolas et de St-Vincent ont pour patron l'abbé de Saint-Fuscien [3].

NOTES

1. Bibliographie : *Notice sur les château, seigneurie et village de Boves, canton de Sains, département de la Somme*, par Charles Salmon. Amiens, Lenoël-Hérouart, 1858. In-8°. — *Boves et ses seigneurs ; étude historique sur la commune de Boves*, par A. Janvier. Amiens, A. Douillet, 1877. In-8°.

2. Cette église, qui subsiste encore, est bâtie sur la gauche de la route de Moreuil à Amiens. Suivant la déclaration fournie par le curé en 1728, cette paroisse comptait près de 80 feux, dont 9 ou 10 appartenaient à la même personne ; l'Hôtel-Dieu, la maladrerie et le hameau de Formanoir dépendaient de Saint-Nicolas. Le revenu de la cure était alors de 1013 livres ; plus tard, il descendit à 500 livres. Il n'y avait pas de presbytère. Au XVIIIe siècle, cette paroisse comptait 230 communiants.

3. Le revenu de chacune de ces deux chapelles était de 6 livres.

VIII

CACHY

(Canton de Boves, 226 hab.)

CACHY, *Cachiacum*, dont le maire est homme lige de l'abbaye de Corbie, relève du fief de Boves. La seigneurie est de 18 journaux de terres labourables[1]. On y compte 320 habitans de l'élection d'Amiens. Le fief d'Aubercourt est sur le territoire. L'église[2], dédiée à N.-D., est du patronage du chapitre de Fouilloy, qui dîme avec celui d'Amiens et les trois chapelains du jour dans la cathédrale[3]. Jean d'Abbeville, doien du chapitre et depuis cardinal, en fit présent à cette compagnie l'an 1237*. Robert de Boves et Aélis, sa femme, vendirent l'avouerie à l'abbaye de Corbie l'an 1243, et Ingelran de Gentelles, du consentement de Béatrix, son épouse, fit la même chose en 1261. Dès l'an 1216, Eustache d'Encre, chevalier, reconnut que Guibert de Sains avoit vendu les dîmes qu'il tenoit de lui. (Ms de du Cange, bibl. du roi). En 1243, Jean, seigneur de Hamel, vendit l'avouerie à Robert, seigneur de Boves, de qui elle étoit tenue en fief, et celui-ci la revendit à l'abbaye de Corbie. (Du Cange, recueil D.)

* La Morlière.

NOTES

1. La seigneurie appartenait à l'abbaye de Corbie. En 1428, un habitant de Cachy se coupa la gorge ; par ordre du roi d'Angleterre, il n'en fut pas moins enterré en terre sainte, mais ses biens demeurèrent confisqués.

2. L'église n'offre rien de remarquable ; toutefois, il faut signaler à l'attention les fonts baptismaux à six pans d'une forme peu commune ; un tableau très ancien, peint sur bois, représente la Crucifixion ; une statue de la sainte Vierge, fort bien exécutée, paraît dater du moyen âge ; le couronnement de la grille du chœur semble rappeler la manière du Vivarais, habile serrurier de Corbie ; le retable et le tableau du maître-autel ne sont pas sans intérêt ; la montre du jeu d'orgue, bien sculptée, provient sans doute d'une église de Noyon supprimée à la Révolution, peut-être de l'église de la chartreuse du Mont-Regnault.

3. Le revenu de la cure était de 441 livres en 1728 ; il s'éleva plus tard à 500 livres puis à 600 livres ; celui de la fabrique fut successivement de 120 livres puis de 228 livres. — En 1158, Jean de Gentelles et Pierre, son frère, ont fait don aux habitants d'un terrain de même longueur que l'église pour l'établissement d'un cimetière.

IX

CAIX [1]

(Canton de Rosières, 1265 hab.)

Caix, *Kais, Kaagium, Kaicum,* mouvant de la baronie de Boves, est un bourg contenant 1070 habitans sous l'élection de Mondidier, dont la plupart excellent en maçonnerie [2]. Il se trouve dans les environs des pierres de très bon grain propres pour les édifices. En 1131, Robert de Caix, de la maison de Boves, étoit seigneur de la terre [a]. Son père, Anseau ou Ansel, archidiacre, conjointement avec Robert, son oncle, et Mathilde, sa tante, la donnèrent ou plutôt la vendirent au prieuré de Lihons [3] par jugement de Barthélemy, évêque de Laon [b] qui, l'an 1121, confirma les possessions que le prieuré a dans Kais par donation de Fara [4], et d'Anselme, Robert et Mathilde, ses frères et sœur. (Cart. de Lihons.) En 1201, Robert de Boves donna à l'abbaye de Corbie un muid de froment à prendre sur le moulin pour le pain des messes. Une charte de la même année contient une inféodation que lui fait l'abbaye de Corbie de tout ce qu'elle possédoit en ce lieu à la charge d'un relief de 60 s. et des droits seigneuriaux ordinaires. (Cartul. noir.) Le fief de Bavelincourt relève noblement de Boves. Celui de l'Épinette est sur le territoire [5]. Le prieuré de Lihons paie à la seigneurie de Caix une redevance en grains. Le 23 mai 1486, Henri de Kais rendit foy et hommage du fief de la mairie

a. Du Plessis, *Hist. de Coucy.*
b. Chron. Corb.

de Kais au prieur de Lihons. Cette mairie donne le droit de prendre chaque année sur la maison et les cens du prieuré 2 muids et demi de bled, mesure de Kais, et les droits appartenant à la mairie[6]. (Cartul. de Lihons.)

L'église est grande, bien bâtie, voûtée, avec des bas-côtéz. La tour du clocher est haute, grosse et d'une belle maçonnerie ; elle est sous le vocable de la Sainte Croix[7]. Le prieur de Lihons a été confirmé dans la possession de la terre et du patronage par l'évêque Guarin en 1132. Thierry, son successeur, confirma l'an 1176 cet autel, et les deux parts de la grosse et menue dîme au prieuré de Mondidier. Les seigneurs de Boves paient 40 l. pour l'entretien de la lampe de cette église, dont la fabrique a 650[8] l. La chapelle dite de N.-D. de Guizencourt est du patronage de l'évêque ; elle rend 200 l. à la charge d'une messe par mois[9].

NOTES

1. Bibliographie : *Notice sur l'ancienne seigneurie et l'église de Caix en Santerre* dans *Eglises, châteaux, beffrois et hôtels-de-Ville de la Picardie et de l'Artois*, t. Ier. Amiens, Alfred Caron, 1846. In-8°. — *La maison de Caix, rameau mâle des Boves-Coucy*, par le vicomte de Caix de Saint-Aymour. Paris, H. Champion, 1895. In-8°. — Depuis une quarantaine d'années, d'importantes découvertes d'objets anciens ont été faites à diverses reprises sur différents points du territoire de Caix. Les fouilles les plus importantes sont dues à M. Leblan-Gaffet ; la première remonte au commencement de l'année 1865 et une notice en a été publiée par J. Garnier dans les *Mémoires de la Société des Antiquaires de Picardie*, t. XX, p. 375 ; la seconde fouille de M. Leblan, qui a été faite au lieu dit la Maladrerie, a mis au jour plus de cinq cents sarcophages de l'époque mérovingienne. Suivant la tradition, un trésor et des cloches seraient enterrés au lieu dit la Maladrerie. Dans la cour d'un particulier se trouve l'entrée d'un souterrain, où, dit-on, les animaux venaient d'eux-mêmes dès qu'ils entendaient le tocsin.

2. Les maçons de Caix jouissent encore aujourd'hui d'une grande réputation. La plupart des ouvriers sont occupés à la fabrication d'articles en laine; cette industrie est fort ancienne à Caix; on remarque sur une console qui porte la date de 1681 un écusson porté par des anges et chargé d'un chevron accompagné de trois peignes à laine.

3. Dans le principe, la terre de Caix appartenait à la famille de Boves. Dreux de Boves, tué à la bataille de Cassel en 1079, laissa trois fils, dont l'aîné fut la tige des sires de Coucy et le dernier fut l'auteur des seigneurs de Caix; celui-ci s'appelait Anselme ou Anseau de Boves; vers l'an 1100, il fit don au prieuré de Lihons, d'accord avec ses frères, de la terre et seigneurie de Caix dont son fils Robert devait très certainement porter le nom. Le principal donateur, Anseau de Boves, avait embrassé l'état ecclésiastique après la mort de sa femme et devint archidiacre d'Amiens; il mourut vers 1116. C'est alors que son fils Robert protesta contre la donation de la terre de Caix, mais il renonça ensuite à ses droits. — Plus tard, la châtellenie de Caix, membre du marquisat de Feuquières, était en la possession de la famille de Pas.

4. Ingelran de Fara n'est autre que Enguerran de Boves, ainsi nommé de ce qu'il tenait la seigneurie de la Fère-sur-Oise.

5. Il y avait un certain nombre de fiefs en l'étendue du territoire de Caix, relevant de la seigneurie de Boves. En 1479, Jean de Béthisy servit le dénombrement d'un fief consistant en une maison et 21 journaux de terre; ce fief, qui fut possédé par ses successeurs, prit ensuite le nom de Béthisy. Le fief Monjon, qui s'appelait ainsi de ce qu'une famille de ce nom le posséda pendant longtemps, appartenait en 1372 à Mathieu de Tramecourt; en 1387, à Aubert de Caix, écuyer; en 1406, à Jean Caverel, mari de Jeanne de Caix; en 1424, à Jean de Remy dit Maillart; en 1480, à Jean d'Escouchy; vers 1520, à Jean de Monjon; en 1588, Jacques de Monjon en fournit le dénombrement. Un fief de 21 journaux de terre, appelé le fief de Marteville et Caulaincourt, appartenait en 1500 à Gilles de Caulaincourt, écuyer, seigneur de Marteville; en 1605, à Philippe de Lespinay, seigneur de Marteville, neveu et héritier de Gaucher de Caulaincourt; il le vendit en 1609 à Pierre Thuillart et au seigneur de Boves. Un fief de 40 journaux de terre appartenait en 1370 à

Jean Villenis de Corbie; en 1407, à Jean de Cambray, dont il prit le nom et qui resta dans cette famille jusque dans le XVIIe siècle; il était possédé en 1666 par Charles de Fontaines. Le fief de Maucourt appartenait en 1371 à Jean de Maucourt; en 1387, à Pierre de Maucourt; en 1503, à Adrien de Caix; en 1565, à Charles de Forceville; Hugues de Forceville le vendit en 1618 à Adrien de Fontaines. Le fief d'Aubigny, appartenant à Charles d'Aubigny, fut ensuite possédé par Adrien de Caix en 1573; vers 1605, un autre Adrien de Caix, fils de Henri, le vendit à Hugues de Forceville, qui le vendit à son tour en 1615 à Adrien de Fontaines. En 1603, Raulequin Thuillart possédait un fief qui en portait le nom.

6. La mairie de Caix était un fief qui appartint à la famille de Caix; il passa par alliance, au XVIe siècle, à la famille de Riencourt, puis à celle de la Guiche; Charles Crapier le possédait en 1708; il fut réuni et incorporé à la seigneurie principale en 1740.

7. Cette église, qui est fort intéressante, passe pour avoir été construite par des maçons de Caix, car ce village a produit un très grand nombre de maçons depuis une époque très reculée jusqu'aujourd'hui; les parties les plus anciennes datent du XIVe siècle; le reste est de la Renaissance. A gauche de la façade principale, qui est grandiose, se trouve une tour carrée mesurant 40^{m} d'élévation; c'est l'une des plus belles tours de ce genre que l'on rencontre en Picardie; au sommet se trouvent quatre tourelles rondes dont le toit est en pierre. L'intérieur de cet édifice n'est pas moins remarquable; à part le chœur et les transepts, qui sont du XIVe siècle, le reste offre tous les caractères du XVIe siècle.

8. Le revenu de la cure était de 778 livres en 1728; celui de la fabrique, qui était d'abord de 650 livres, descendit ensuite à 560 livres. Il y avait 650 communiants au XVIIIe siècle.

9. La chapelle de N.-D. de Guizencourt avait pour présentateur le prieur de Lihons; son revenu, qui était de 165 livres en 1728, consistait en 43 journaux environ de terre labourable en sept pièces sur le terroir de Caix; plus tard, son revenu s'éleva à 244 livres. — La chapelle de N.-D. de Paix se trouve sur la place publique; la chapelle de N.-D. de Bon-Secours, à la Maladrerie; la chapelle de Saint-Thomas, sous la Croix de Mission.

X

CAYEUX-EN-SANTERRE

(Canton de Moreuil, 178 hab.)

Cayeux, *Cadocum, Caietum,* près la source de la Luce, relève de la baronnie de Boves [1]. Les habitans, au nombre de 220, sont de l'élection d'Amiens et de Mondidier. Le fief noble de Jean de Viez ou Renard, ainsi que la terre et le fief d'Herville, sont mouvans de Boves [2].

L'église [3], dédiée à St-Martin, est remarquable par les compartimens de la voûte. L'ostensoir de vermeil doré paroît être du quatorzième siècle. La relique de S. Blaise occasionne un pèlerinage. L'évêque nomme à la cure. La maison de Brasseuse Doria a les trois quarts de la dîme en rendant 100 l. au curé et 6 septiers de bled à l'évêque. L'abbé de Saint-Fuscien a la 8e partie des grosses dîmes, et le prieur de Saint-Aubin, l'autre quart*. La fabrique a 250 l. [4] La chapelle du cimetière rend 150 l. Celle de N.-D. ou du Clos d'Igny, 70 l. [5] L'évêque les confère.

NOTES

1. Les seigneurs de Boves possédaient ce domaine au XIIIe siècle et peut-être même antérieurement. Enguerrand de Boves, chevalier, seigneur de Fouencamps, vivait en 1256, date de la donation qu'il fit d'un marais aux

* Minutes chez de Ligny.

habitants de Cayeux et d'Ignaucourt. Firmin de Tracy, écuyer, servit le dénombrement de la seigneurie de Cayeux le 4 novembre 1421. Jeanne d'Ailly, fille de Jacques, porta la terre de Cayeux à Osias de la Vernade, son mari, qui en obtint saisine le 18 mars 1501. Olivier de la Vernade, frère du précédent, en hérita ce domaine, qu'il laissa à son neveu, qui suit. Antoine de la Vernade, écuyer, seigneur d'Epagny, marié à Madeleine d'Estourmel, fut reçu au relief le 13 juillet 1536. Adrien de la Vernade, son fils aîné, vit saisir sa terre en 1568 comme bien de réformé. Isambart des Plancques, écuyer, seigneur de Hesdigneul, acheta cette seigneurie, qu'il laissa à son frère, qui suit. Antoine des Plancques, doyen de Saint-Quentin, fournit le relief de la seigneurie de Cayeux le 13 avril 1585. Françoise de Renty, nièce et héritière du précédent, épousa Léonard de Hocquinghen, écuyer, qui fut reçu au relief de Cayeux le 20 août 1586. Jean des Plancques, écuyer, seigneur de Hesdigneul, remplit la même formalité le 28 juillet 1598 et, en 1602, il échangeait la seigneurie de Cayeux avec le suivant. Louis de Moreuil, chevalier, seigneur de Tencques, fils puîné de François, seigneur de Fresnoy, et de Marie de Mairé, fut marié deux fois et mourut sans postérité, léguant Cayeux à sa nièce, femme du suivant. François Desfriches-Doria, écuyer, seigneur de Cernoy et autres lieux, troisième fils de Pierre, seigneur de Brasseuse, et de Suzanne de la Fayette, épousa par contrat du 5 mars 1646 Madeleine de Moreuil, fille d'Artus, seigneur de Liomer, Brocourt, Villers-Bretonneux, et de Charlotte de Halluin d'Esclebecque. François Desfriches-Doria, chevalier, seigneur de Brasseuse, Cayeux, etc., fils unique du précédent, eut d'Anne du Fos, sa femme, un fils unique, qui suit. André-Joseph Desfriches de Brasseuse, marquis Doria, chevalier, seigneur de Cayeux, etc., né en 1701, épousa en premières noces Marie-Anne Colbert de Villecerf, morte le 18 octobre 1723 laissant un fils, qui suit. Marie-Marguerite-François-Firmin Desfriches, chevalier, marquis Doria, fut marié trois fois ; de Françoise-Henriette de la Myre, sa troisième femme, il eut un fils, qui suit. Stanislas-Philippe-Henri Desfriches, marquis Doria, né en 1787 au château de Cayeux, où il est mort le 24 novembre 1866.

2. Nous n'avons trouvé aucune mention du fief Viez ou Renard, dont parle le P. Daire ; quant au fief d'Herville, il faut lire Orville. Il y avait en l'étendue du territoire

plusieurs fiefs qui changèrent de nom en changeant de possesseurs, mais ils furent presque tous réunis successivement à la seigneurie du lieu. Nous citerons : 1° le fief d'Orville possédé en 1375 par Jehan Dorreville ; il passa ensuite à une famille Lebon et appartenait en 1604 à Charles Gueudon ; 2° le fief Baratre était à Jean Dorreville en 1375, à Jean Dupuis en 1489, et, par le mariage de Barbe Dupuis vers 1543, il passa de cette famille dans celle de Héricourt ; en 1584, Jacques de Héricourt le vendit à Isambart des Plancques, seigneur de Cayeux ; 3° le fief Bastel puis Sachy fut vendu en 1539 par Nicolas Bastel, curé de Louvrechy, à Nicolas Roussel. Jacques de Sachy entra plus tard en possession de ce fief ; 4° le fief Verdier puis May appartenait à Jean Verdier en 1503, à Nicolas de May par achat en 1543, à Charles Louette en 1607, à Colette Louette en 1707 et à Charles Juillard en 1717 ; 5° le fief Blanchecourt était à Geoffroy de Champré en 1503 et fut vendu par décret en 1605 ; Louis de Moreuil l'acheta en 1613 et le réunit à la seigneurie de Cayeux ; 6° le fief Vadencourt appartenait en 1408 à Jean de Vadencourt, puis à Jean Dupuis, à Jean de Béthisy, à Pierre de May et fut enfin incorporé à la seigneurie ; 7° le fief de Béthisy appartint jusqu'à la Révolution à la famille de ce nom ; 8° le fief de Domart puis de l'Equipée fut réuni à la seigneurie de Cayeux ; 9° le fief d'Igny ou Clos d'Igny ou Motte d'Igny était à Guy de Moroy en 1326, à Guillaume d'Igny en 1407 ; il passa à la famille le Josne de Contay en 1455, à la famille de Humières en 1507 par le mariage de Françoise le Josne avec Jean de Humières, à la famille de Hardoncourt par achat en 1605, et à celle de Pas-Feuquières en 1645 ; celle-ci le posséda jusqu'à la Révolution. — Au mois de mai 1745, un conseiller au Parlement de Paris, venu à Cayeux chez M. le marquis Doria, périt dans les conditions suivantes ; s'étant approché trop près de la cheminée, sa robe de chambre prit feu et, quand son laquais, qui avait vu la flamme, monta dans la chambre de son maître, il trouva celui-ci asphyxié. (Mss. du bourgeois Scellier, de Montdidier.)

3. L'église, en forme de croix latine, est un véritable joyau qui date de la fin du XVe siècle ou des premières années du siècle suivant ; la partie la mieux conservée est la chapelle seigneuriale ; l'arcade de la porte de la chapelle est en ogive équilatérale formée de trois voussures peu profondes ; le fronton, de style ogival flamboyant,

orné de griffons et de feuilles de choux, est quelque peu mutilé ; sur le tympan, on voit l'écusson des la Vernade ; la face principale des contreforts est gracieusement sculptée depuis la corniche jusqu'au sommet. A l'intérieur, les nervures de la voûte de cette chapelle présentent cinq écussons ; celui de la partie centrale offre les armes des la Vernade. Dans le chœur, on remarque plusieurs inscriptions funéraires concernant les Doria. Le clocher, placé au-dessus du transept droit, se compose d'une pyramide quadrangulaire assez élevée surmontée d'une flèche en charpente à quatre pans. L'ostensoir de vermeil et la relique de S. Blaise dont parle le P. Daire n'existent plus.

4. Le revenu de la cure était de 639 livres en 1728 ; il descendit ensuite à 450 livres ; celui de la fabrique, qui était d'abord de 250 livres, se trouva ensuite réduit à 126 livres. Il y avait 78 communiants au XVIIIe siècle.

5. Ce revenu consistait dans la location de 40 journaux de pré et plusieurs pièces de terre labourable que possédait cette chapelle ; à partir de 1736, la chapelle du Clos d'Igny, située sur le fief de ce nom, fut appelée chapelle de Notre-Dame.

XI

DÉMUIN [1]

(Canton de Moreuil, 618 hab.)

DÉMUIN, *Demuinum,* bourg dans la mouvance de Boves, contient 600 habitans et a pour seigneur M. Lucas [2]. Le château [3] incommodoit beaucoup Amiens et Corbie dans le xve siècle; il appartenoit à la maison de Flavy et tenoit pour les Orléannois. Raoul d'Ailly, vidame d'Amiens, s'en empara pour les Bourguignons l'an 1419. Les roialistes l'enlevèrent l'an d'après et, au bout de quelques mois, il rentra sous la domination du duc de Bourgogne [a]. Le fief d'Hauteville relève de Boves [4].

Le chœur de l'église [5] et son abside sont fort beaux, ainsi que la croisée. Elle est dédiée à St-Ouen et du patronage de l'évêque. L'autel et les dîmes avoient été donnéz au chapitre de Fouilloy l'an 1219 par Jean, seigneur de Hangard, avec l'agrément d'Enguerran de Boves, seigneur prédominant [b]. Le curé dîme aujourd'hui avec le seigneur à qui l'abbaye du Paraclet d'Amiens a cédé ses droits moiennant une redevance en grains. La fabrique a 350 l. [6] La chapelle de St-Nicolas, dont l'évêque est patron, a été unie à la fabrique pour le vicaire [7]. Le doigt de S. Ouen attire les pélerins menacéz de

a. De Serres.
b. Cart. de Fouil.

surdité ; il est d'usage de le poser dans leurs oreilles[8]. Il y avoit un hopital dans le treizième siècle[9].

Dans le hameau de *Courcelles, Curcellæ,* de la mouvance de Boves[10], dont la ferme consiste en deux fiefs nobles, un champart, bois, préz et terres labourables, est un prieuré sous le nom de St-Clément*. L'abbé de Breteuil en est patron comme le renseigne une bulle d'Alexandre IV de 1256. Le prieur donnoit l'eau bénite à la messe tous les dimanches et les habitans lui donnoient un honnoraire pour porter les sacremens[11]. Les fiefs possédéz cy-devant par les Célestins d'Amiens ont été réunis en 1782 à l'archidiaconat de la même ville ; ils consistent en terres labourables et préz.

Il y a une chapelle domestique dans le château. *(Histor. Britul.* Ms.)

V. les *Affiches de Paris,* 1777, n° 42[12].

NOTES

1. Bibliographie : 1° *Démuin et ses Seigneurs,* par Alcius Ledieu. Amiens, Delattre-Lenoël, 1878. In-8°, 68 pages ; 2° *Monographie d'un bourg picard,* ... par le même. Paris, 1890-1895. 5 vol. in-8°.

2. Le premier seigneur connu est Ebrard de Démuin, dapifer du seigneur de Boves en 1131. La famille des premiers seigneurs de ce village paraît s'être éteinte à la fin du XIVe siècle en la personne de Péronne de Démuin, femme d'Eustache de Campremy auquel elle avait porté la terre de Démuin. Dès lors, ce domaine passa aux familles de Colleville, de Flavy, de Bournel, de Rasse, d'Ongnies pour arriver aux Lucas en 1614. François le Gras, marquis du Luart, né en 1691, devint seigneur de Démuin par son mariage avec Marie-Françoise Lucas, fille d'Antoine-Jean et de Thérèse Pinette. Anne-Jean le Gras, marquis du Luart, fils du précédent, vendit Démuin le 10 février 1789 au suivant. Louis-Antoine-Jean-Baptiste, comte de Cambray, seigneur de Villers-aux-Érables, où il est mort en 1822, fut le dernier seigneur de Démuin.

* *Hist. Bretuliensis* ms.

3. Cette forteresse redoutable, qui a joué un certain rôle pendant le moyen âge, a été démolie au commencement du XIXe siècle et, sur son emplacement, on a construit une école de filles en 1865 ; le souterrain a été conservé et, dans une propriété voisine, on remarque encore la base d'une énorme tour qui, paraît-il, servait de cachot. Hector de Flavy, dont parle souvent Monstrelet, était entré en possession de ce château par son mariage vers 1430 avec Blanche de Colleville, héritière du seigneur de Démuin. Les chroniqueurs du moyen âge nous apprennent que le château de ce lieu a été pris par les Bourguignons en 1417, mais ils ne le conservèrent que pendant fort peu de temps ; repris de nouveau, grâce à une trahison, le 18 janvier 1420 (n. s.), et confisqué sur ses légitimes possesseurs, il était enfin rendu à ces derniers. Pendant le siège de Corbie en 1636, Louis XIII logea au château de Démuin du 30 septembre au 28 octobre.

4. Outre ce fief, il y en avait d'autres assis en l'étendue du territoire ; nous citerons le fief du Comporte ou Compostelle appartenant en 1655 à André le Picard ; le fief Pouilleux et le fief Morand ; le fief Caruelle, possédé par les Ledieu, qui, pendant plusieurs siècles, remplirent divers offices seigneuriaux de génération en génération.

5. L'église n'offre plus rien de remarquable aujourd'hui ; l'incendie du 15 octobre 1814 qui consuma près de 200 maisons, s'attaqua aussi à l'église. La partie la plus ancienne est le transept, qui date du XVe siècle.

6. Le revenu de la cure, qui était de 650 livres en 1736, s'éleva plus tard à 1100 livres. On comptait 400 communiants au XVIIIe siècle.

7. Cette annexion eut lieu en 1717 par Honoré-Charles Lucas, chanoine et grand vicaire de Tournai, chapelain de Saint-Nicolas de Démuin ; le revenu consistait en 1739 en une rente de 100 livres, 48 setiers de blé et 60 livres provenant du fermage de 7 journaux de terre. Le vicaire de Démuin ayant été supprimé après la Révolution, le comte de Cambray affecta le revenu de cette chapelle au bureau de bienfaisance.

8. Cette relique n'existe plus depuis la Révolution, mais l'usage d'invoquer S. Ouen contre la surdité subsiste toujours ; tous les ans, le 24 août, jour de sa fête, le prêtre récite à l'issue de la messe les prières consacrées sur la tête des pèlerins.

9. Ce devait être une léproserie fondée au moyen âge et dotée par les seigneurs du lieu ; ses biens furent réunis à ceux de l'hospice de Montdidier par lettres patentes du roi, au mois de septembre 1695. Le bureau de bienfaisance de Démuin revendiqua la propriété de ces biens et, par transaction du 3 janvier 1856, l'hospice de Montdidier resta en possession des biens de la maladrerie de Démuin, mais il dut inscrire au nom du bureau de bienfaisance de cette commune une rente annuelle de 176 francs.

10. Le hameau de Courcelles, qui compte 65 habitants, est une annexe de Démuin. La seigneurie fut, de tout temps, possédée par les seigneurs de Démuin.

11. Le prieuré de Saint-Clément, qui était à la collation de l'évêque d'Amiens, jouissait d'un revenu de 50 livres par an en 1730 et de 66 livres en 1772 ; antérieurement, il était de 340 livres. Les biens du prieuré de Saint-Clément furent vendus au profit de la nation et la chapelle fut démolie vers 1820.

12. Dans le numéro de ce journal du jeudi 29 mai 1777, on trouve p. 657 l'annonce de la vente de la terre et seigneurie de Démuin.

XII

DOMART-SUR-LA-LUCE[1]

(Canton de Moreuil, 505 hab.)

DOMART-SUR-LA-LUCE, *Dompmart, Dominus Medardus,* relève de Boves en partie pour le terroir de Mons, et de Moreuil pour le territoire nommé *de le Ville* ou de Domart, et en partie de Morcourt-sur-Somme[2]. On y compte 230 habitans. Il s'y tient une foire le 11 novembre.

L'église[3], dédiée à St-Médard, a pour patron l'abbé de Saint-Acheuil par titres de 1120, 1143 et 45. Il dîme avec celui de Saint-Fuscien, le chapelain de Naours, le seigneur d'Hangard et le curé par l'abandon que fit de sa gerbe l'abbaie de Corbie en 1690 et en vertu d'une sentence du bailliage d'Amiens du mois d'avril 1734. La fabrique a 300 l.[4] La couronne de pierre qui pend de la voûte de l'abside du chœur est si délicatement travaillée qu'on la croiroit sculptée en bois. Hourges[5] et Mons étoient jadis de cette paroisse. L'abbaye de Saint-Acheuil, en établissant un prêtre séculier avec le titre de curé, a abandonné celui de curé primitif, mais elle s'est réservé le patronage et les oblations à certaines fêtes. Elle paie annuellement 100 l. au curé*. Le droit de pâturage sur Mons, dont Colard de Domart étoit seigneur, appartient aux paroissiens par sentence du

* Registre du bail.

8 avril 1734. Le chapelain de St-Augustin dans la cathédrale a une dîme-fief sur le terroir.

Le fief Sénéchal [6], démembré de la seigneurie de Domart, relève noblement de Boves. Le fief Maréchal [7] et celui de Rouvroy [8] sont sur le terriroire [9].

NOTES

1. Bibliographie : *Les étrangers en Picardie. Les princes de Savoie-Carignan derniers seigneurs de Domart-sur-la-Luce,* par Alcius Ledieu. Abbeville, imp. Fourdrinier, 1892. In-8°, II-46 pp. Pl. Autre édition, 1905. IV-64 pp. 3 pl.

2. Le premier seigneur connu est Ibert ou Aubert de Domart vivant en 1154. La famille des premiers seigneurs de Domart s'éteignit avec Marguerite de Domart, fille unique et héritière de Regnault, qui épousa vers 1400 Guillaume de Villers-Saint-Pol, écuyer, seigneur de Verderonne. Jacques de Villers, chevalier, vicomte de Soissons, seigneur de Lannoy, était en possession de la terre de Domart en 1550. Quelques années plus tard, François de Béthune, baron de Rosny, père de Sully, était qualifié seigneur de Domart; il vendit cette terre au suivant. Jean III de Baynast, écuyer, seigneur de Pommerat et de Thiepval, acheta Domart par acte du 13 septembre 1574; cette seigneurie appartint à la famille de Baynast jusqu'en 1750, époque de la mort de Christine de Baynast, décédée sans alliance. Domart passa ensuite à Albert-Aymar-Louis le Fournier, chevalier, comte de Wargemont, seigneur de Méricourt et de Cappy, mort sans postérité le 2 novembre 1750; ses biens furent recueillis par la famille Mannay de Camps, par suite de l'alliance en 1695 de Marie-Angélique le Fournier avec Marc-Antoine-Augustin de Mannay, seigneur de Camps, Tailly, etc. Marie-Louise-Joséphine-Angélique de Mannay, dame de Domart, épousa Louis-Gabriel, vicomte de Bizemont, qui vendit Domart le 1er décembre 1783 au prince Eugène-Marie-Louis-Hilarion de Savoie-Carignan décédé le 30 juin 1785 et inhumé le lendemain dans l'église de Domart; sa veuve, Elisabeth-Anne Magon de Boisgarein, et son fils, Joseph-Marie de Savoie-Carignan, vendirent le château de Domart avec ses dépendances en 1807.

3. Le portail, qui paraît dater du XIVe siècle, se compose de trois voussures ogivales bordées de belles moulures supportées de chaque côté par trois colonnes légères à base octogone ; sur les tympans se voient des branches de chêne avec leurs glands et des feuillages délicatement sculptés ; ce portail, qui devait être de toute beauté, est de dimensions fort modestes ; son état de conservation laisse beaucoup à désirer. Cette église devait être pourvue de deux bas-côtés ; il ne reste plus que le bas-côté gauche ; entre les ogives qui le séparent de la nef sont des dais pyramidaux d'une certaine élégance. Le chœur, qui porte sur une pierre la date de 1512, présente tous les caractères de cette époque : moulures prismatiques autour des fenêtres et dans leurs baies, meneaux et nervures de style flamboyant, dont il ne reste plus malheureusement que les amorces. La voûte offre plusieurs clefs pendantes avec des oves sur les nervures ; l'une des clefs porte les armes des Villers-Saint-Pol. La couronne de pierre dont parle plus bas le P. Daire n'existe plus.

4. Le revenu de la cure était de 465 livres en 1730 ; le 16 septembre 1722, le presbytère fut brûlé avec une partie du village ; huit ans plus tard, le curé n'avait pas encore de presbytère ; il couchait dans un taudis. Le revenu de la fabrique descendit de 300 livres à 239 livres. Il y avait 153 communiants au XVIIIe siècle.

5. Voy. plus loin la notice consacrée à Hourges.

6. Le fief Sénéchal ou Feuquel, consistant en 92 journaux de terre et 3 journaux de pré, fut acheté à Jacques de Villers par Raoul Sénéchal en 1551. Jean Picquet hérita de ce fief en 1571 et le vendit immédiatement à Adrien Morel, seigneur d'Attilly. Jean Feuquel fut mis en possession de ce fief en 1581 et ses descendants l'ont possédé pendant tout le cours du XVIIe siècle.

7. Il appartenait au XIVe siècle à Jean de la Marche et, en 1381, étant revenu faute de relief au seigneur de Boves, celui-ci en fit don à Jean le Maréchal ; il passa ensuite à une famille le Fèvre.

8. Nous n'avons découvert ni l'emplacement ni la contenance de ce fief. D'après un dénombrement de la seigneurie de Domart fourni en 1407, Pierre de Montmorency déclare que trois fiefs situés audit lieu relèvent de sa terre et

qu'ils appartiennent l'un à Jean Frenet, l'autre à Pierre le Joule et le troisième aux héritiers de Pierre Aveu.

9. Vers 1850, on a découvert sur le territoire de Domart le squelette d'un soldat du moyen âge ; il paraissait assis et avait à côté de lui une sorte de lance. Depuis, on a mis à jour un certain nombre de cercueils provenant d'un cimetière mérovingien.

XIII

ENGUILLAUCOURT

(Canton de Rosières, ferme détruite)

Enguillaucourt, mouvant de Boves, n'a qu'environ 40 habitans sous l'élection de Mondidier[1]. L'église, dédiée à St-Denis, a pour patron le chapitre de Fouilloy à qui, l'an 1219, Jean, seigneur de Hangard, donna l'autel et les dîmes avec l'attache d'Enguerran de Boves, seigneur prédominant*; le curé a 90 septiers de bled et 40 d'avoine. La fabrique jouit de 150 l.[2]

NOTES

1. Enguillaucourt, situé entre Harbonnières, Caix et Guillaucourt, formait une paroisse avant la Révolution; depuis, il ne se trouvait plus qu'une ferme dépendant de Guillaucourt; aujourd'hui, l'emplacement de ce village est livré au fer de la charrue. Les premiers seigneurs en portaient le nom. Jean d'Enguillaucourt, vavasseur, vivait en 1219. Henri de Hangard se qualifiait seigneur d'Enguillaucourt en 1248. Le 8 juillet 1459, Gilles Dupuis fournit au seigneur de Boves le dénombrement de la terre d'Enguillaucourt consistant en un manoir, cens, rente, terres labourables, bois, terrage et deux fiefs. En 1482, Jean d'Ays était seigneur d'Enguillaucourt. Après la mort de Jacques d'Ays, sa sœur, Antoinette, femme de Pierre Mauroy,

* Cart. de Fouil.

hérita la seigneurie d'Enguillaucourt, qu'elle donna à sa fille, Marie Mauroy, femme de Jean Tassart en 1553. En 1697, Louis de Tassart, écuyer, fournit le dénombrement de la terre d'Enguillaucourt; la même formalité fut remplie en 1725 par Pierre de Tassart, écuyer, demeurant à Noyon; se voyant sans enfants et n'ayant point de parents, il fit don de cette terre vers 1740 à M. de la Motte de Ville, demeurant à Vauvillers, à la charge de porter le nom et les armes de Tassart.

2. Le revenu de la cure était de 800 livres en 1730; celui de la fabrique s'éleva de 150 à 160 livres. On comptait 20 communiants au XVIIIe siècle.

XIV

FRESNOY-EN-CHAUSSÉE

(Canton de Montreuil, 177 hab.)

Fresnoy-en-Cauchie ou en-Chaussée [1], ainsi surnommé de celle qui y passe, *Fresneum, Fraxinosum,* est tenu du Plessier-Rozinviller [2]. Les 260 habitans ont pour ressorts l'élection de Mondidier et la prévôté de Beauvaisis au bailliage d'Amiens. Quatre fiefs nobles sont tenus dudit Plessier par 60 s. par. de relief et 30 de chambellage. Ceux des Masures et des Moineaux consistent en 22 journaux de terres labourables [3].

L'église [4], bâtie dans un goût gothique, a des croiséez plus étroites en dehors qu'en dedans. Elle est dédiée à N.-D. [5] et à la présentation de l'abbé de Saint-Fuscien. Cette abbaye a le tiers des grosses dîmes, la moitié des menues ainsi que des oblations et des offrandes. Elle a encore à *Équincourt* les dîmes grosses, mixtes, menues et les anciennes novales. Les autres décimateurs sont le chapitre de Saint-Quentin, les prieurs de Mondidier et de Maresmontier et le curé, qui a le tiers des dîmes et 4 journaux de terre à la solle [6].

NOTES

1. On a découvert, sur le territoire de ce village, des tuiles à rebords, des vases romains, des styles, des médailles d'Œlius-César et de Constantin, etc. La Porte-

de-Fer, est un lieu dit où l'on voyait autrefois un souterrain-refuge; on y découvrit des rateliers en bois ayant servi à des chevaux. L'entrée de cette carrière, aujourd'hui comblée, se trouvait à droite d'un vallon situé vers Mézières; d'autres galeries souterraines existent aussi sous l'ancien château.

2. La seigneurie relevait de celles du Plessier, de Villers-aux-Erables et de Moreuil. Elle était possédée au XVe siècle par une branche bâtarde de la maison de Soissons-Moreuil. Arthus de Moreuil, gouverneur de Thérouanne, fils naturel de Jean de Soissons et de Jeanne de la Forge, légitimé à Lyon en 1496, était seigneur de Fresnoy en 1490; de Catherine du Bois, sa femme, dame de Tenques, Caumesnil et autres lieux, il eut un fils, qui suit, et deux filles. Jacques de Moreuil, chevalier, eut pour femme Louise de Belleforière d'où est issu un fils, François de Moreuil, qui vit confisquer sa terre de Fresnoy en 1589 en exécution d'un édit prescrivant la saisie des biens des protestants. Aymard-Louis de Sailly, chevalier, né en 1655, marié à Charlotte de Créquy-Frohen, était seigneur de Fresnoy; il mourut en 1725 laissant un fils, qui suit. Louis-Hector, marquis de Sailly, vendit Fresnoy vers 1745 à Jean-Gilbert-Christophe Linars d'Aveluy moyennant 90.000 livres; de son mariage avec Marie-Françoise-Elisabeth de Louvencourt, il eut plusieurs filles, dont l'une devint la femme du suivant, auquel elle porta la seigneurie de Fresnoy. Nicolas de Herte, chevalier, seigneur de Hailles et autres lieux, président au bailliage et siège présidial d'Amiens, épousa le 28 avril 1751 Louise-Madeleine Linars, d'où est issue entre autres enfants Marie-Clotilde-Dorothée, née en 1759, dame de Fresnoy, femme en premières noces de Pierre de Famechon, écuyer, seigneur d'Yzeux et, en secondes noces, de Ferdinand-Jacob d'Aix, marquis de Ligne; elle est morte en 1831 et son second mari en 1820.

3. Outre ces fiefs, il y avait encore le fief Scellier consistant en 26 journaux et appartenant en 1458 à Robinet le Scellier. Firmin Maron, époux de Jeanne le Scellier, fut reçu à en faire le relief en 1557. Antoine Paynon, procureur à Montdidier, acheta ce fief quelques années plus tard; en 1667, il appartenait à Marie Paynon, fille d'Augustin.

4. Elle a la forme d'une croix latine mais n'offre rien de remarquable. La partie la plus ancienne est le chœur

offrant de très belles nervures terminées en culs-de-lampe; l'une des fenêtres conserve encore ses meneaux et ses lobes qui contiennent quelques débris de vitraux coloriés; d'après une tradition locale, le chœur et le transept auraient été construits par des maçons espagnols après l'invasion de 1636.

5. Le vocable est l'Assomption de la sainte Vierge.

6. Le revenu de la cure était de 589 livres en 1728 et de 600 livres en 1772; celui de la fabrique était de 250 livres. Il y avait 140 communiants au XVIIIe siècle.

XV

GENTELLES

(Canton de Boves, 480 hab.)

GENTELLES, *Gentella,* terre consistant en 240 journaux de terre et quatre de bois, relève du seigneur de Boves, qui tient l'avouerie de l'abbaye de Corbie à qui la terre appartient[a]. Elle possède le bois dit l'Abbé depuis 1251. Le maire en étoit homme lige [1]. On y compte 350 habitans sous l'élection d'Amiens. Robert de Boves donna l'avouerie à cette abbaye l'an 1243 [b], et Ingelran de Gentelle, époux de Béatrix, lui vendit la mairie, celle de Cachy et ce qu'il y possédoit en fief l'an 1261. — Le fief du Crocquet relève noblement de Boves [2]. Le tableau de l'autel est d'assez bon goût. Le Sauveur y paroît revêtu du manteau de S. Martin, patron de l'église [3]. Le chapitre de Saint-Firmin le Confesseur y a toutte justice, nomme à la cure et dîme avec celui de Fouilloy et le curé qui a la 9e gerbe. La fabrique n'a que 150 l. [4]

NOTES

1. La terre de Gentelles est une des premières donations faites à l'abbaye de Corbie par Clotaire III et la reine Bathilde, sa mère, lorsqu'ils fondèrent ce couvent

a. Chron. Corb.
b. La Morlière.

en 662. Cependant, il y eut des seigneurs particuliers de ce nom, qui ne possédaient sans doute qu'une partie de la terre ; en 1226, Jehan de Gentelles, chevalier, donne 14 journaux de terre à l'abbaye de Corbie ; en 1299, un autre Jean de Gentelles, chevalier, est mentionné dans le cartulaire de l'Hôtel-Dieu d'Amiens.

2. En 1557, Pierre Carbonnier, demeurant à Corbie, possédait à Gentelles un fief relevant de l'abbaye de Corbie.

3. L'église est assez vaste et paraît dater de la fin du XVe siècle pour la partie la plus ancienne. La nef n'a qu'un bas-côté ; les piliers sont très écrasés et n'ont que de courts chapiteaux. Un cep de vigne parcourt la corniche ; la charpente, qui est apparente, est fort belle ; on voit sur les poutres deux têtes de loup sculptées en pendentifs. La cuve baptismale date de la seconde moitié du XIIe siècle ; elle est de forme circulaire avec un entablement carré soutenu à ses angles par des groupes de trois colonnettes accolées.

4. La cure jouissait en 1728 d'un revenu de 448 livres ; la fabrique vit s'élever le sien de 150 à 254 livres. Il y avait 230 communiants au XVIIIe siècle.

XVI

GLIMONT ET THÉZY

(Canton de Boves, 382 hab.)

GLIMONT, mouvant de Boves, a pour ressorts l'élection d'Amiens et la prévôté roialle de Beauvaisis au bailliage d'Amiens[1]. Le seigneur a haute, moienne et basse justice et droits honorifiques à l'église[2]. La terre consiste en un château moderne, 13 journeaux de plant et enclos, 2 en légumier, parc de 5 environ, 197 de terres labourables en domaine, 56 de prez, 5 remises, censives, droits seigneuriaux et champart[3]. L'église, dédiée à S. Médard, a pour patron l'abbé de Moreuil[4]. Le chapitre de Fouilloy dîme avec le curé qui a un tiers et qui bine au secours de Thesy[5] *(Tasiacum)* mouvant de la baronnie de Boves.

NOTES

1. Glimont était autrefois un village beaucoup plus important que Thézy puisque l'église paroissiale y était établie. Aujourd'hui, il ne reste plus rien de Glimont, dont la dernière maison a été démolie il y a une vingtaine d'années.

2. Les premiers seigneurs connus en portaient le nom. Adam de Glimont fit plusieurs donations à l'abbaye du Paraclet entre les années 1234 et 1244. Agouland de Glimont comparaît à une montre en 1337 avec ceux de la prévôté de Fouilloy. Au mois de mars 1458, Jean de la Trémouille, seigneur de Daours, fournit le dénombrement

de la terre de Glimont, mouvant de Fouencamps et tenue de Boves ; cette seigneurie passa ensuite dans la maison d'Ailly par le mariage de Philippe de Crèvecœur, fille d'Antoine et de Marguerite de la Trémouille, dame de Daours, avec Charles d'Ailly, seigneur de Picquigny, vidame d'Amiens, mort en 1522, laissant entre autres enfants le suivant. Antoine d'Ailly, seigneur de Picquigny, vidame d'Amiens, eut trois fils et trois filles de son mariage avec Marguerite de Melun ; il mourut en 1548 laissant Glimont à son fils aîné. François d'Ailly, seigneur de Picquigny, vidame d'Amiens mourut en Angleterre en 1560 sans laisser d'enfants de Françoise de Batarnay, sa femme ; son frère Louis hérita Glimont, qu'il donna l'année suivante à sa sœur Françoise, femme d'Antoine de la Garde, seigneur de Tranchelion, gouverneur de Guise ; ce dernier, d'accord avec sa femme, vendit Glimont en 1563 au suivant. Antoine Boileaue, écuyer, seigneur de Martimont (fief à Sailly-Lorette), marié à Jeanne de la Forge, eut entre autres enfants un fils, qui suit. Jean Boileaue, seigneur de Glimont, mort vers 1599, eut de son mariage avec Esther du Caurel, une fille, femme du suivant. Philippe le Prévost, écuyer, seigneur de Pendé et Ribeauville, fils cadet de Nicolas et de Catherine de Damiette, épousa en secondes noces par contrat du 30 janvier 1607, Suzanne Boileaue, dame de Glimont, et en eut quatre enfants. François le Prévost, écuyer, seigneur de Glimont, Guiberville, etc., épousa par contrat du 15 novembre 1633 Anne de Lisques, dont il eut plusieurs enfants, entre autres le suivant ; il fournit le dénombrement de la terre de Glimont le 21 juin 1668. Pierre-Maximilien le Prévost, chevalier, seigneur de Glimont, Laleu, Tours-en-Vimeu, épousa par contrat du 30 avril 1669 Antoinette de Saint-Souplis et en eut entre autres le suivant. François le Prévost, chevalier, seigneur de Glimont, Ribeauville, Tours-en-Vimeu, fut maintenu dans sa noblesse en 1700 ; il laissa Glimont à son fils, qui suit. Louis-François le Prévost, chevalier, seigneur de Glimont, lieutenant des maréchaux de France à Montdidier, épousa vers 1765 Marguerite-Angélique Picquet de Dourier. Le dernier représentant de cette famille est mort vers 1860 curé d'Ainval-Septoutre.

3. La seigneurie de Glimont consistait en dernier lieu dans le château et ses dépendances comprenant 25 journaux, rapportant 200 livres ; en 247 journaux de terre rapportant 620 livres ; en 7 journaux et demi de bois

produisant 10 livres ; en 34 journaux de pré, rapportant 100 livres. Le revenu total en 1772 était d'environ 1320 livres. A la fin du XVIIIe siècle, le château de Glimont fut acheté par les seigneurs de Thézy, qui le démolirent en grande partie ; les derniers restes ont disparu en 1880 lors de l'établissement du chemin de fer d'Amiens à Dijon.

4. Sur l'emplacement de l'ancienne église a été bâtie une petite chapelle ; dans le cimetière, on voit une fort jolie croix en pierre d'un seul morceau dans le style de la Renaissance. Le revenu de la cure était de 464 livres en 1728 ; il s'éleva successivement à 500 livres puis à 600 livres ; le revenu de la fabrique tomba de 170 livres à 53 livres. Il y avait 160 communiants au XVIIIe siècle.

5. Thézy est aujourd'hui un village de 382 habitants du canton de Boves. La seigneurie fut longtemps sous la possession de la chartreuse de Saint-Honoré d'Abbeville fondée en 1301 par Guillaume de Mâcon, évêque d'Amiens. En 1582, Philippe de Sacquespée, seigneur de Selincourt, huissier ordinaire de la chambre du roi, prit à bail moyennant 200 livres de cens la terre de Thézy qu'il devait tenir en arrière-fief des chartreux d'Abbeville ; en 1589, ce cens fut racheté pour 2.000 écus d'or sol. François de Sacquespée, chevalier, seigneur de Thézy, Berteaucourt et autres lieux, fils du précédent et d'Antoinette des Groiseliers, fut capitaine au régiment d'Epagny ; en 1625, il acheta pour 25.600 livres la terre de Fouencamps ; par contrat du 26 février de la même année, il prit pour femme Jeanne de Chambly, dont il eut six enfants, entre autres le suivant. René de Sacquespée, chevalier, seigneur de Thézy, Berteaucourt, Fouencamps, fournit le dénombrement de Thézy le 1er décembre 1696 ; par contrat du 27 novembre 1667, il épousa Marie-Charlotte de Chambly et en eut trois fils, dont les deux suivants. Jean-Charles de Sacquespée, né en 1669, est mort sans alliance au château de Glisy le 1er décembre 1741. Son frère René lui succéda comme seigneur de Thézy ; il épousa par contrat du 6 mai 1742 Marie-Geneviève-Nicole-Gabrielle de Grouches de Chepy et en eut deux fils et deux filles. René-Nicolas-Suzanne de Sacquespée, chevalier, fils aîné du précédent, se qualifiait, comme lui, marquis de Thézy ; né le 14 juin 1740, il mourut sans alliance le 29 mai 1790 ; il fut le dernier de son nom. L'une de ses sœurs, Henriette-

Julie, née le 24 août 1748, avait épousé le 19 août 1780 Jacques-Marie-Joseph de Witasse, chevalier, seigneur de Vermandovillers; elle hérita du précédent le château de Thézy, qui est encore occupé par ses descendants. Ce château, d'une construction très simple, est en pierres du pays; il est décoré d'un fronton, accompagné d'ailes saillantes unies par une terrasse. La chapelle domestique du seigneur de Thézy fut érigée en succursale en 1662; elle fut placée sous le vocable de saint Médard; le curé de Glimont y disait la messe le dimanche et les jours de fêtes; la chapelle actuelle, construite en 1771, a été l'objet de restaurations importantes vers 1860. L'église actuelle de Thézy a été construite en 1830; elle est de style gréco-romain; elle est tout en pierre du pays. Un cimetière mérovingien a été découvert à Thézy; un magnifique sarcophage, curieux par ses figures, en fut extrait et déposé au musée d'Amiens. Ce village a donné naissance en 1735 à Eloi Morel, inventeur du *grand louchet* pour l'extraction de la tourbe; il est mort en 1809 après avoir été deux fois maire de sa commune; ses concitoyens lui ont élevé un monument en 1842.

XVII

GLISY

(Canton de Boves, 229 hab.)

Glisy[1], près la rive gauche de la Somme, *Glisiacum* en 1227, relève de Boves et de Picquigny. Le duc de Bourgogne y campa le 10 avril 1470, et les Espagnols brûlèrent le village le 4 septembre 1636. On y compte 180 habitans de l'élection d'Amiens. Les seigneurs sont les abbayes du Mont-Saint-Quentin, d'Arouaise et le prieuré de Lihons. Le territoire contient 1200 journaux de terre. Le domaine consiste en un château, 600 de terre, 20 de bois, 24 de préz, droit de champart, censives, droits seigneuriaux et féodaux, 26 journaux de friche, 20 de préz à tourber, en plantations, en une rente foncière, mouvances, droits de haute, moienne et basse justice[2]. L'abbé de Saint-Fuscien est patron de l'église dédiée à S. Médard et perçoit les dîmes grosses, menues, les offrandes et oblations[3]. Les dîmes de l'Hôtel-Dieu d'Amiens ont été achetées en 1221 de Hugues de Glisy, chevalier, et cet hôpital reçut le reste d'Ade, prêtre de Hangest, et de Guillaume, prêtre de Blangy. La fabrique a 100 l. Le fief de la grange de Glisy appartenoit en 1271 à Jean de Croy, bourgeois d'Amiens. (Mss de du Cange, recueil B.)

NOTES

1. Ce village est établi dans un site fort pittoresque. Sa fondation paraît remonter à une assez haute antiquité. On a découvert dans les tourbières de la vallée différents objets anciens, notamment des épées et des fibules en bronze. De l'important château fort, qui servait à garder la Somme, il ne reste plus rien aujourd'hui que la motte carrée de son donjon et quelques vestiges de ses fossés; l'entrée d'un vaste souterrain est maintenant comblée.

2. Les premiers seigneurs en portaient le nom, et leur famille joua un assez grand rôle en Picardie. En 1105, Pierre de Glisy, fils de Qualcode, fait une donation à l'abbaye de Saint-Fuscien. En 1147, Adam de Glisy fait don à l'abbaye de Saint-Acheul d'un verger et de l'espace de terre que l'on peut ensemencer avec un muid de blé. Dans les premières années du XIIIe siècle, Pierre de Glisy et Bernard, son fils, se rendent en Palestine; Pierre de Glisy avait pour frère Adam de Glimont *(Glisy mons)*, Jean de Glisy, fils de Gilles, était seigneur de Glisy, Talmas, et de Val de Maisons en 1422; le 24 septembre 1412, il fournit le dénombrement de sa terre de Glisy tenue en pairie de Boves; il eut plusieurs enfants de Jeanne de Villepoix, sa femme. Le 16 juin 1466, Marguerite Maugart, dame d'Escomes et de Glisy, femme divorcée de Jean de Wisquette, servit le dénombrement de Glisy. En 1505, Robert Fouache, écuyer, était seigneur de Glisy; cette terre passa à sa petite-fille, Jacqueline de Conty, femme de François Louvel. Jean Louvel, écuyer, seigneur de Glisy, épousa Françoise de Montjean, d'où est venu le suivant. François Louvel, seigneur de Glisy après la mort de son père arrivée en 1590, avait épousé en 1571 Claude Le Febvre, d'où les suivants. Pierre Louvel, fils aîné du précédent, laissa la terre de Glisy à son frère François, marié en 1615 à Louise le Fournier. Jean Louvel, écuyer, seigneur de Glisy, fils de François Louvel, épousa en 1643 Charlotte de Festart et en eut le suivant. François Louvel, écuyer, seigneur de Glisy, prit pour femme en 1692 Marie-Madeleine de Cacheleu, qui le rendit père de plusieurs enfants; deux de ses fils furent chevaliers de Malte, et le troisième, François Louvel, fut le dernier de

sa branche ; de son union avec Marie de Verny, il n'avait eu qu'une fille, mariée au suivant. Jean-Joseph de Vincens de Mauléon, marquis de Causans, lieutenant de roi en Provence, capitaine dans le régiment de Conty-cavalerie, devint seigneur de Glisy par son mariage en 1750 avec Marie-Françoise-Madeleine Louvel. Jacques de Vincens, son fils aîné, fut le dernier seigneur de Glisy.

3. Une église en briques a été construite dans ces dernières années. Le revenu de la cure était de 465 livres en 1728 ; celui de la fabrique, qui était de 100 livres vers la même époque, s'éleva ensuite à 640 livres par suite de libéralités dues aux seigneurs du lieu. Il y avait 100 communiants au XVIIIe siècle.

XVIII

GUILLAUCOURT

(Canton de Rosières, 480 hab.)

Et WIENCOURT-L'ÉQUIPÉE

(Canton de Moreuil, 432 hab.)

Guillaucourt, *Gisloucourt* et *Gillocourt* en 1202, mouvant de Boves et ressortissant à l'élection de Péronne et à la prévôté de Beauvaisis au bailliage d'Amiens, contient 350 habitans. La terre et seigneurie [1] consistent en 491 journaux environ de terres labourables. L'église, dédiée à S. Éloy, est du patronage de l'abbé de Saint-Acheuil, qui jouit de la moitié des dîmes par donation de l'évêque Thibaut en 1170*. Cette abbaye paie annuellement au curé 4 muids de bled et autant d'avoine. L'abbé de Corbie, l'abbesse du Paraclet et le seigneur ont chacun une gerbe. La fabrique a 400 l. [2]. Le curé bine à *Viencourt* [3] et l'Équipée [4], dédié à S. Nicolas [5], où le chapitre de Fouilloy dîme par acquisition faitte en 1225 de la nommée Hossa, épouse de Jean de Morcourt. Au mois de mai 1275, Florent de Morcourt, écuyer, et Isabeau de Daullaincourt, sa femme, agréa la vente faitte par Jean Vasseur et Isabelle de Betisy, citoienne d'Amiens, d'une portion de dîme, et Jean de Fouencans, chevalier, y mit son attache comme seigneur. Le fief de Course est sur le terroir. Les chanoines théobaldiens et l'Hôtel-Dieu d'Amiens dîment avec le curé, qui a la 9e gerbe.

* Reg. du chap.

NOTES

1. Le premier seigneur connu est Mathieu de Guillaucourt, chevalier, qui, avec Marie, sa femme, vendit au mois de mars 1284 une pièce de 10 journaux de terre à Wiencourt. A la fin du xve siècle, Bonne de Launoy, dame de Guillaucourt, Achicourt et Pierrepont, fille de Barthélemy, seigneur de Launoy et de Gendin, et de Françoise de Noirfontaine, épousa Aléaume d'Averhoult, seigneur de la Lobbe et de Tourteron en Champagne, fils de Guillaume et d'Isabeau de Berghes; il fournit le dénombrement de Guillaucourt le 8 février 1503. Christophe d'Averhoult, seigneur de Guillaucourt, fils aîné du précédent, épousa Marie, fille de Jean, seigneur de Haucourt, et de Perrine de Saint-Vaast, dame d'Anisy, et en eut un fils, qui suit. Robert d'Averhoult, seigneur de Guillaucourt, Tourteron, Wiencourt en partie, fournit le dénombrement de la seigneurie de Guillaucourt le 6 mai 1533; il avait épousé Isabelle de Joyeuse et n'en eut pas d'enfants; sa veuve se remaria à Claude d'Anglure. Guillaume d'Averhoult, seigneur de la Lobbe, frère de Christophe, succéda à son neveu Robert dans la possession de la terre de Guillaucourt; il eut de son mariage avec Blanche de Barbançon deux garçons et deux filles; l'une de celles-ci épousa le suivant. Jean-Valeran d'Anglure, écuyer, sieur d'Autriancourt, Courcelles et Relezeau, marié à Guillemette d'Averhoult, dame de Guillaucourt, servit le dénombrement de cette seigneurie le 15 juin 1567; par contrat du 10 septembre 1573, Guillemette d'Averhoult vendit la terre de Guillaucourt à la suivante. Barbe d'Ongnies, fille de Louis, premier comte de Chaulnes, et d'Antoinette de Rasse, devint dame de Guillaucourt par l'achat qu'elle en fit; elle eut de son mariage avec Jean d'Happlincourt, écuyer, seigneur dudit lieu, une fille unique qui épousa le suivant. Jean d'Etampes, seigneur de Valençay, capitaine des ordonnances du roi, prit pour femme le 10 février 1578 Sarah d'Happlincourt, qui lui apporta la terre de Guillaucourt; il mourut en 1620, ayant eu 14 enfants. Jacques d'Etampes, marquis de Valençay, son fils aîné, naquit le 28 novembre 1578; il mourut à Boulogne en 1650 ayant eu entre autres enfants de Louise Blondel de Joigny le suivant. Dominique d'Etampes, marquis de Valençay et d'Happlaincourt, mort le 6 mai 1691 à l'âge de 96 ans,

eut plusieurs enfants de Marie-Louise de Montmorency, qu'il avait épousée en 1641, mais la terre de Guillaucourt passa à l'une de ses sœurs, femme du suivant. Charles de Monchy, marquis d'Hocquincourt, maréchal de France, fils de Georges et de Claude de Monchy, épousa par contrat du 7 novembre 1628 Eléonore d'Etampes ; il en eut plusieurs enfants. Georges de Monchy, chevalier, marquis d'Hocquincourt, fils aîné du précédent, fut, comme lui, gouverneur de Péronne, Roye et Montdidier ; il devint seigneur de Guillaucourt par transaction avec ses frères en date du 6 juillet 1666 ; il vendit cette terre au suivant. Louis-Adrien de Fay, chevalier, seigneur de Vitz-sur-Authie et de Guillaucourt, épousa à Roye le 14 novembre 1661 Marie de Blécourt, dont il eut plusieurs enfants, entre autres le suivant. Alexandre-Charles-Jean-Louis de Fay, seigneur de la Chavatte, Méharicourt, Guillaucourt, vendit cette dernière seigneurie le 22 décembre 1748 au suivant moyennant 30.000 livres. François de Vaux, conseiller au présidial d'Amiens, fit le relief de la terre de Guillaucourt le 21 août 1749. Jeanne-Charlotte de Vaux, sa fille aînée, veuve de Louis Pingré de Carnoy, hérita en 1756 la terre de Guillaucourt, qu'elle laissa à sa sœur, femme du suivant. Joseph de Louvencourt, seigneur de Pierrecluet, Vadencourt, eut, de son mariage avec Marie-Marguerite de Vaux, un fils, qui suit. Claude-Henri de Louvencourt, seigneur de Warluzel, devint seigneur de Guillaucourt. Jean-Baptiste d'Enjaubert, chevalier, comte de Martillat, seigneur de Chabannes et des Barraques en Auvergne, marié à Marie-Françoise de Louvencourt, fournit le dénombrement de Guillaucourt le 12 mai 1779.

2. Le revenu de la cure était de 457 livres en 1728. Il y avait 300 communiants au XVIIIe siècle.

3. Wiencourt-l'Équipée est aujourd'hui une commune du canton de Moreuil de 432 habitants. La seigneurie était tenue en pairie de l'abbaye de Corbie ; elle appartenait en 1397 à Pierre d'Aoust ou d'Ault. Son fils Hugues, écuyer, lieutenant général à Amiens, vendit à l'abbaye de Corbie le 5 janvier 1459 75 journaux de terre à la sole sur le terroir de Wiencourt. Jacques d'Aoust ou d'Ault, écuyer, seigneur de Wiencourt, vivait en 1557. Quelques années plus tard, les religieux de Corbie firent retrait de la terre de ce lieu, qu'ils possédèrent jusqu'à la Révolution. — Il y avait plusieurs fiefs sur le terroir de

Wiencourt : 1° le fief Meaucourt, appartenant à l'abbaye de Corbie, et consistant en 45 journaux de terre; 2° le fief Fontaines, aliéné par l'abbaye de Corbie le 8 janvier 1677 au profit de Jean Thierry, seigneur de Genonville, anobli en 1678; ses descendants l'ont possédé jusqu'à la Révolution.

4. Ce hameau, dépendant de Wiencourt, était réduit à une seule ferme qui a disparu dans ces dernières années.

5. La partie la plus ancienne de l'église est le chœur, qui date de la fin du xve siècle ou des premières années du siècle suivant; le reste a sans doute été détruit par les Espagnols lors de l'invasion de 1636. Le clocher se compose d'une forte tour quadrangulaire portant la date de 1696. A l'intérieur, sur les poutres du chœur, sont sculptées des branches de vigne avec leurs grappes de raisin; on voit aussi les quatre évangélistes sculptés à l'extrémité d'autres poutres formant saillie. Après l'invasion de 1636, la cure de Wiencourt cessa d'exister et fut unie à celle de Guillaucourt; une procédure fut suivie en 1722 et 1723 devant l'intendant de Picardie et l'official d'Amiens à l'effet de rétablir cette cure, ce qui eut lieu le 23 décembre 1723. Le revenu de la cure était de 427 livres en 1728; il s'éleva ensuite à 760 livres; celui de la fabrique était de 243 livres. Il y avait 272 communiants au xviiie siècle.

XIX

HAMELET

(Canton de Corbie, 398 hab.)

HAMELET contient 550 habitans de l'élection d'Amiens. Les titres le nomment *Hamellulum, Hameletum, Hameledium*. La cense dépend de l'abbaye de Corbie[1]. Le clos de Saint-Adelart contient environ 18 journaux. Le fief de Ronquerolles est sur le terroir. L'église[2], dédiée à S. Nicolas, a pour patron l'évêque comme possédant l'abbaye de Saint-Martin-aux-Jumeaux à laquelle le chapitre d'Amiens donna cet autel, comme le renseigne un titre de 1073. La dîme a été abandonnée au curé par l'abbé de Corbie et l'hôpital de Reims. La cure a 200 l.[3]

NOTES

1. L'abbaye de Corbie prétendait seule à la seigneurie de Hamelet, aussi eut-elle des contestations avec les co-seigneurs. Au XVe siècle, les de Bommy, établis à Abbeville avec les seigneurs de la Gruthuse dont ils étaient les maîtres d'hôtel, possédaient un fief au Hamelet qui leur permettait de s'intituler seigneurs de ce lieu. Pierre de Bommy, écuyer, seigneur de Hamelet, praticien à Auxy-le-Château, lieutenant de Maizicourt en 1490 et 1507, bailli d'Auxy, épousa Jeanne le Sénéchal, dont il eut le suivant. Pierre de Bommy, écuyer, seigneur de Hamelet en 1516, concierge et garde de l'hôtel de M. de la Gruthuse, épousa en 1494 Isabeau d'Auxy, fille de Thomas et de Jeanne de Parenty, dont il eut le suivant. Mathieu de Bommy, écuyer, seigneur de Hamelet et de Vaux-lès-Abbeville, maïeur

d'Abbeville en 1551, fut député de la noblesse pour comparaître aux états tenus en la sénéchaussée de Ponthieu en 1545 et en 1548 et ensuite à l'assemblée de 1564 devant le lieutenant général d'Abbeville; il épousa en premières noces Marguerite Lenglacié, dame de Vaux (fief à Cambron), et en eut le suivant; il prit pour femme en secondes noces Marguerite Papin, veuve de Josse Beauvarlet, et n'en eut pas d'enfants. Hector de Bommy, écuyer, seigneur de Hamelet, Vaux-lès-Abbeville, Wiameville, échevin d'Abbeville en 1571 et 1573, avait épousé par contrat du 11 octobre 1565 Jeanne de Lesseau. En 1597, François Hannicque, fils de François et de Jeanne Clabaut, possédait ce fief, qui appartint à ses descendants jusqu'en 1750. (V. le *Nobiliaire de Picardie* de Villers-Rousseville.) François Hannique, écuyer, seigneur de Ronquerolles et de Hamelet, mourut en 1713; il fut inhumé dans la nef et non dans le chœur de l'église du Hamel.

2. L'église n'offre rien de remarquable; le clocher, situé à gauche, se compose d'une tour en pierre surmontée d'une flèche élégante. A droite se trouve une chapelle castrale à deux arcades à moulures prismatiques; les piliers sont ronds et dépourvus de chapiteaux.

3. Le revenu de la cure, qui était de 350 livres en 1728, s'éleva plus tard à 800 livres; celui de la fabrique était de 220 livres. Il y avait 100 communiants au XVIIIe siècle.

XX

HANGARD

(Canton de Moreuil, 196 hab.)

HANGARD, mouvant de Boves [1], contient 200 habitans de l'élection d'Amiens. Le fief de Metz Quint [2], démembré de la seigneurie, est sur la paroisse quant au domaine, et de Domart quant à la gerbe de dîme inféodée que le seigneur perçoit sur le terroir de Mons. Le fief de Fredeval consiste en censives, grains, argent, avec droits de lots et ventes [3].

L'église [4], dédiée à S. Martin, a pour patron le chapitre de Fouilloy, à qui Jean de Hangard donna l'autel et les dîmes en 1219 avec l'attache d'Enguerran de Boves. En vertu d'un accord, le curé jouit de la dîme inféodée du seigneur et de celle de l'abbaye de Corbie. La fabrique a 120 l. [5] La chapelle de Saint-Martin, dont le même chapitre est patron, rendoit 2 muids de bled et autant d'avoine à prendre sur la grange du seigneur.

Bernard de Hangard, en 1146, signe un accord avec l'évêque Thierry. Jean de Hangard, 1219, donne à l'église d'Amiens les cures et dîmes d'Hangard, Demuin et Enlencourt [6].

Pierre Cottehuche ou Courtehouche, marchand de toile, et sa femme, demeurant à Amiens, ayant été assassinés en septembre 1498, en pleine foire sur le marché [de Montdidier] par Jean de Hangard [7], écuier, seigneur de Peraines, Remaugie et Onviller, il fut arrêté, conduit au châtelet de

Paris. Le bailliage de Mondidier entérina les lettres de rémission qu'il avoit obtenues et le condamna seulement à fonder un obit perpétuel au jour de l'événement. Le procureur du roi au Châtelet interjeta appel de cette sentence au Parlement qui, par arrêt du 4 avril 1499, l'a condamné à être pendu et étranglé au lieu où le crime s'est commis avec confiscation de ses biens dont, entre autres, 60 l. sont emploiéez pour faire une croix au lieu où ledit assassinat a été commis, et 10 l. pour un service solemnel avec vigiles, commendaces et 3 hautes messes à cloches sonnantes en l'église de Saint-Pierre de Mondidier, et 20 l. pour une fois qui seront converties en cire pour faire ledit service et pour faire exécuter l'arrêt. Cette rente a été remboursée par le sieur de Sericourt à Antoine Ricquier, marguilier, en 1564, moiennant 300 l. Pour l'acquit de la fondation, on paioit 5 l., savoir : au curé, 2 l. 10 s.; aux 4 officiers, chacun 12 s. 6 d.

NOTES

1. Bernard de Hangard, chevalier, vivait en 1146; cette famille des premiers seigneurs de Hangard occupe une assez large place dans les annales de la Picardie; à la fin du xve siècle, elle était très puissante par les belles alliances qu'elle avait contractées. Jacques de Hangard, chevalier, vivant en 1473, est le dernier membre de cette famille qui ait possédé sa terre patronymique. Hangard passa ensuite dans la famille de Roye, mais n'y resta que fort peu de temps; au reste, elle changea dès lors fréquemment de maîtres. Le cardinal Antoine Sanguin, archevêque de Toulouse, acheta la terre de Hangard en 1542 et la revendit au suivant quelques années plus tard. Jean, cardinal de Lorraine, archevêque de Reims, seigneur de Hangard par acquisition, mourut le 18 mai 1550; ses héritiers vendirent Hangard au suivant. Claude de Bossu, seigneur de Longueval, vendit la terre de Hangard à la suivante. Claude d'Espence, veuve de Louis de Proisy, fut saisie de la terre de Hangard le 6 mars 1562; l'un de ses fils, Claude de Proisy, fut mis en possession de

Hangard en 1577; après sa mort, Marie d'Amiens, sa veuve, vendit Hangard au nom de son fils au suivant. Louis de Festart, fils cadet de Jean, seigneur de Beaucourt-en-Santerre, fut saisi de la terre de Hangard le 22 juin 1585. Louis de Festart, son fils, releva la seigneurie de Hangard le 29 juillet 1599. Pierre de Prouville, écuyer, acheta la terre de Hangard vendue par décret le 30 juillet 1603. François de Prouville, son fils, lui succéda comme seigneur de Hangard. Charles-Jean de Prouville, écuyer, mort au château de Hangard au mois de septembre 1684 à l'âge de 64 ans, avait légué par son testament en date du 15 décembre 1680 sa terre de Hangard au suivant. Charles de Monthomer, chevalier, seigneur de Marieux, cousin du précédent, eut de son mariage avec Madeleine de Vassé un fils tué à la guerre, sans alliance, et une fille, Marie-Anne de Monthomer, mariée le 15 septembre 1678 à Louis de Saint-Simon, marquis de Sandricourt; le 14 avril 1695, le marquis et la marquise de Sandricourt vendirent les terres de Hangard et de Hourges au suivant. Pierre Dincourt, écuyer, seigneur de Fréchencourt, eut de son mariage avec Marguerite d'Amiens plusieurs enfants, entre autres le suivant. Jean-Pierre-François Dincourt, écuyer, marié le 19 août 1710 à Marie-Françoise de Sachy d'Abancourt, eut un fils qui suit. Pierre-François Dincourt, écuyer, maïeur d'Amiens de 1757 à 1760, mort en charge, avait épousé en 1742 Marie Boistel de Lombu, d'où est issu le suivant. Pierre-Antoine-François Dincourt, chevalier, vendit l'ancien domaine seigneurial de Hangard le 5 frimaire an II (25 novembre 1793) aux sieurs Adrien et Alexandre Poullain, négociants à Amiens, moyennant 400.000 livres, plus une rente viagère de 4.000 livres. M. Théophile Bouchon, petit-fils de l'un des nouveaux propriétaires du château de Hangard, le laissa à sa fille, Adrienne-Louise Bouchon, mariée à Jean-Aristide-Armand Guilhem de Pothuau; après la mort de cette dame, ses enfants firent vendre en 1895 son château et ses propriétés de Hangard.

2. Ce fief, situé entre le bois de Hangard et le territoire de Villers-Bretonneux, fut longtemps possédé par une branche cadette de la maison de Hangard. Le 2 juillet 1425, Baugeois de Rubempré fournit le dénombrement du fief de Metz-Quint. L'un de ses descendants, Jean de Rubempré, légua ce fief à sa sœur, femme de Jean de Festart, écuyer, seigneur de Beaucourt-en-Santerre. Les Festart sont

demeurés en possession de ce fief jusque dans les premières années du XVIIe siècle; il fut vendu par décret en 1609 et adjugé à Pierre de Prouville. A partir de cette époque, le fief de Metz-Quint eut les mêmes seigneurs que Hangard.

3. Nous n'avons trouvé nulle part ailleurs mention du fief de Fredeval. Mais nous voyons que le fief de la Chaussée, relevant de Boves et consistant en 124 journaux de terre sis entre les chemins de Roye et de Démuin fut vendu par Pierre de Prouville en 1613 à Jean de Cottereau, écuyer, seigneur de Formanoir. Le 18 août 1616, Marie Bochart, veuve de Pierre de Prouville, en fit le relief au nom de son fils.

4. Le clocher, placé en tête de la nef, est plus ancien que l'église; celle-ci date du XVIIe siècle tandis que le clocher fut construit à la fin du XVe siècle ou dans les premières années du siècle suivant; il consiste en une tour de pierre de la largeur de l'église percée dans la partie supérieure d'ouïes ogivales géminées. Sous le clocher, on voit une pierre tombale très fruste sur laquelle est représentée au trait une dame; autour se lit l'inscription suivante : « Gy gist damoiselle Claiē de Frucourt, fem̄e en premieres nopces de Jacques de Roye sr de Hangard et en seconde *(sic)* nopces de Jehan de Maucourt, sr dudit lieu, laquelle a faict dedier cette eglisē et tspassa au moys de may mil vc xxiij. Priez Dieu pour elle et pour.... (Mathieu) son filz sr de Herleville, Bonviller et Vauviller en piē qui a faict faire ceste tombe. » En 1512, on plaça deux cloches dans cette tour; elles furent remplacées par quatre autres cloches en 1786; l'unique cloche qui s'y voit aujourd'hui a été bénite en 1839.

5. Le revenu de la cure était de 666 livres en 1730 et de 928 livres en 1772; celui de la fabrique s'éleva de 120 livres à 230 livres. Il y avait 105 communiants au XVIIIe siècle.

6. Il faut lire Enguillaucourt, dont la seigneurie appartenait à cette époque à la famille de Hangard.

7. Dans son *Histoire de Montdidier* (2e éd,, t. II, pp. 385 et suiv.), M. V. de Beauvillé a donné d'abondants détails sur le meurtre commis par Jean de Hangard.

XXI

HOURGES

(Annexe de Domart, canton de Moreuil, 29 hab.)

Hourges[1], *Horgis,* a 40 habitans sous l'élection de Mondidier. L'église, dédiée à S. Pierte-aux-Liens a été érigée en paroisse l'an 1244 par l'évêque Arnoul qui la sépara de Domart[2]. L'abbé de Saint-Acheuil en est patron. Le curé a les dîmes[3]. En 1456, Pierre Caignet, écolâtre, donna à son chapitre 12 l. parisis à prendre sur cette terre pour le vin des messes*.

NOTES

1. Les premiers seigneurs en portaient le nom. Jean de Hourges, chevalier, fit une donation à l'abbaye de Saint-Acheul en 1224. Dans les premières années du XVIe siècle, la famille Tory possédait Hourges; cette terre passa au siècle suivant à la famille de Prouville et, à partir de cette époque, elle eut les mêmes possesseurs que celle de Hangard.

2. Hourges est demeuré paroisse jusqu'à la Révolution; à cette époque, sa petite église fut démolie et le cimetière nivelé; la cloche fut donnée à l'église de Domart; livrée au fondeur, elle a servi depuis à la fabrication de deux nouvelles cloches.

3. Le revenu de la cure était de 300 livres en 1772 et celui de la fabrique, de 24 livres. Il y avait 20 communiants au XVIIIe siècle.

* Reg. du chap.

XXII

IGNAUCOURT[1]

(Canton de Moreuil, 144 hab.)

IGNAUCOURT, *Igni curtis,* est mouvant de Boves. On y compte 140 habitans dans les bailliage et élection de Mondidier. Il y a un château dont le domaine est de 216 journaux de terre, 20 de prez, 48 de bois avec champart, droits seigneuriaux, haute, moienne et basse justice, droits honorifiques dans l'église[2]. Le fief noble d'Ignaucourt consiste en une maison, cens, rentes, préz, vignes et terres[3]. L'église, dédiée à S. Quentin, est du patronage du chapitre de Fouilloy, qui a un quart des dîmes, le prieur de Saint-Aubin autant et le curé l'autre moitié. La fabrique a 150 l.[4] La chapelle, dans la maison du fief de Cavremont[5] n'est point titrée.

NOTES

1. Bibliographie : *Deux villages du Santerre, Ignaucourt et Aubercourt,* par Alcius Ledieu. Amiens, Delattre-Lenoël. In-8°.

2. La seigneurie d'Ignaucourt relevait par portions inégales de Boves et de Happeglenne. Le premier seigneur connu est Enguerrand de Boves, qui vivait en 1251. Depuis, cette terre est passée dans les familles de Séchelles, de Beauval, du Biez, d'Ailly, de Sailly, de Linars d'Aveluy, de Sachy, de Marcellet, du Floquet, pour arriver en dernier lieu vers 1778 à Ménelé-Hyacinthe de Bonnaire, chevalier, seigneur de Namps-au-Mont.

3. Le P. Daire a sans doute voulu parler ici de la seigneurie de Happeglenne, hameau d'une quinzaine d'habitations au XVIIe siècle, et qui ne compte plus aujourd'hui qu'une maison. De très bonne heure, la famille de Poix fut en possession de la terre de Happeglenne, qui passa à la famille d'Aguesseau à la fin du XVIe siècle et demeura dans cette maison jusqu'à la Révolution.

4. L'église n'offre rien de remarquable; elle date des XVIe et XVIIe siècles; elle eut beaucoup à souffrir lors du siège de Corbie en 1636 par les Espagnols, qui la brulèrent en partie après qu'ils l'eurent dévalisée. Le revenu de la cure était de 466 livres en 1728 et celui de la fabrique de 150 livres en 1772. Il y avait 70 communiants au XVIIIe siècle.

5. Campvermont, qui se compose actuellement d'une ferme dépendant d'Ignaucourt, était autrefois le chef-lieu d'une seigneurie assez importante que la famille de Béthisy posséda depuis les premières années du XVe siècle jusqu'à la Révolution. — Le fief du Quesnoy, démembré de la seigneurie d'Ignaucourt, relevait de celle de Happeglenne. Il appartenait en 1387 à Drien de Fréchencourt. Il passa ensuite aux de Mons, aux Bournonville et aux Monchy; en dernier lieu, il eut les mêmes possesseurs que la terre d'Ignaucourt.

XXIII

LAMOTTE-EN-SANTERRE [1]

(Canton de Corbie, 416 hab.)

LAMOTTE-EN-SANTERRE, *Mota*, relève de Boves[2], et le seigneur de Picquigny tenoit le fief de l'abbaye de Corbie en 1327 et 1588. Le fief de l'Épine est sur le terroir, ainsi que deux autres consistant en 87 journaux de terre tenus de Morcourt et de Lamotte *. Le fief Dufour rend 4 chapons à la seigneurie[3]. L'église[4], sous le vocable de S. Pierre, fut érigée en paroisse par l'évêque Richard au mois de febvrier 1205[5], et le prélat donna le patronage à l'abbaye de Saint-Jean d'Amiens, qui a les dîmes. Le curé a 150 setiers de bled et 30 d'avoine. La fabrique jouit de 250 l. Les biens de la maladrerie ont été réunis à l'Hôtel-Dieu de Mondidier par arrêt du conseil du 13 juillet 1695.

NOTES

1. Bibliographie : *Lamotte-en-Santerre,* par Adolphe de Cardevacque (Mémoires de la Société des Antiquaires de Picardie, XXVI, 127-147).

2. Les premiers seigneurs en portaient le nom. Nicolas de Lamotte, chevalier, vivait en 1204. Elidis de la Neuville-lès-Corbie, veuve de Pierre Havet, dit de Soyecourt, possédait la seigneurie de Lamotte en 1235 ; son fils, Sohier ou Siger Havet, seigneur de Soyecourt, posséda ensuite le domaine de Lamotte. A la fin du XIVe siècle,

1. Registre de l'élect. d'Am.

cette terre appartenait à Pierre de la Trémouille, seigneur et baron de Daours, seigneur d'Allonville, marié à Jeanne de Longvilliers, dame d'Engoudsent et de Hubessen, mort à Folleville en 1439. Au siècle suivant, Wast Waroquier, lieutenant de 50 hommes d'armes, seigneur de Méricourt-l'Abbé, était aussi qualifié seigneur de Lamotte; il fut tué au siège de Saint-Pol, après avoir pris part à dix batailles et à plus de cent sièges; il reçut sa sépulture en 1537 dans l'église de l'abbaye de Saint-Michel de Doullens. Antoine le Caron, écuyer, avocat à Amiens et maïeur de cette ville en 1659, fils de Jean et de Jeanne de Sacquespée, était qualifié seigneur de Lamotte dans son contrat de mariage en date du 11 novembre 1627 avec Elisabeth Vaquette, fille de Jacques, seigneur de Frechencourt, et de Jeanne le Bon. La terre de Lamotte passa ensuite aux seigneurs de Picquigny. Le dernier seigneur a été Pierre-François du Fresne, chevalier, seigneur de Marcelcave, Warfusée-Abancourt, Villers-Bretonneux et autres lieux, conseiller du roi et lieutenant général au bailliage d'Amiens. — Pendant l'invasion de 1636, Lamotte eut tout particulièrement à souffrir de la part des soldats espagnols; les habitants ont dû se réfugier dans les vastes souterrains qui se trouvent sous le village et dont l'établissement paraît remonter au XVe siècle.

3. Il y avait huit fiefs en l'étendue du territoire de Lamotte : Les fiefs de Pontonville et Gounory, le fief de Faverolle, le fief de Caigny ou de Lambre, le fief d'Obvillers ou de Warfusée, le fief de l'Epine, le fief du Four, le fief de Beaumanoir et le fief de Gand.

4. L'église actuelle est de construction récente; elle est dans le style ogival du XIIIe siècle. L'ancienne église était fortifiée ; de chaque côté du portail se voyaient deux tourelles en briques en cul-de-lampe et percées de meurtrières; derrière l'église était une tour en mâchicoulis.

5. Jusque-là, ce village dépendait de la paroisse de Marcelcave.

6. Le revenu de la cure était de 465 livres en 1729 et de 580 livres en 1772. Il y avait 350 communiants au XVIIIe siècle.

XXIV

LONGUEAU

(Canton Sud-Est d'Amiens, 1352 hab.)

Longueau, *Longue yaue* en 1379, *Longua aqua,* relève de Boves et contient 2.605 habitans de l'élection d'Amiens et sous la prévôté roialle de Beauvaisis au bailliage d'Amiens. Le chapitre de la cathédrale, seigneur du lieu, a toutte justice et domaine, droit de terrage, de pêche, de travers et des cens[a]. Son droit de pêche s'étend d'un bout à l'autre des marais et du terroir. Dans cette prévôté du chapitre, le chanoine prévôt viager a toutte justice, les droits seigneuriaux à l'encontre des autres droits de sa compagnie, la moitié du droit de champart de toutte la terre comme tenue par indivis de l'une et de l'autre comme l'a décidé le bailliage par sentences de 1651, 52 et 58. Son droit de pêche s'étend sur un ruisseau qui arrose ses 36 journaux de préz.

En 1271, Jean de Croy, bourgeois d'Amiens, avoit un fief sur le travers.

Guillaume de la Planque, doien de la cathédrale, acquit en 1325 le droit de travers de Jean de Longueau, écuyer[b], qui le tenoit en fief de Jean de Varennes, seigneur de Vignacourt,

a. Registre du Chap.
b. Du Cange, Recueil B.

qui le tenoit du seigneur de Picquigny, mouvant lui-même de l'évêché. Ce doien y fixa 10 l. parisis de rente pour les enfans de chœur, 40 s. pour les chapelains, 6 l. pour les pauvres. En 1330, il en fit présent au chapitre avec l'agrément du roi, et ce corps paie 50 l. à S. M. pour cette possession. Le chapitre en acheta au mois d'aout 1476 une autre portion d'Isabelle d'Ailly. Le 20 mars 1319, Jeanne Tranchant, femme de Guillaume Main, chevalier, vendit à Jean Froiterie sa part de ce travers qu'elle tenoit du roi[a]. Dreux d'Amiens, père de Renaud, en donna une partie à Bernard de la Croix à la charge de 40 s. Celui-ci la recéda en 1505 à Foulques de Mondidier, qui avoit épousé sa fille. Nicolas Lallemant, seigneur de Waynast et de Bouquainville, fils et héritier de dame Marie le Cirier, tenoit en 1523 une part du fief du travers en plein hommage du seigneur d'Humières à cause de sa terre de Morcourt; cette portion donne au fieffé le droit de prendre chaque année le samedi avant le carême sur chaque étal des bouchers d'Amiens une pièce de viande de la valeur de 8 d. au plus et de 6 au moins, et le chapitre a le même droit. En 1658, les Célestins d'Amiens en acquirent la sixième partie mouvante de Morcourt, et l'an 1782, on donna ce qu'ils possédoient au chapitre de la cathédrale. Outre les animaux, un Juif qui passoit étoit taxé à 4 d., une Juive à 2, si elle étoit enceinte à 6. Les nobles et le clergé ne paient rien pour les choses à leur usage, non plus que les habitans d'Amiens. Les bouchers des grands meseaux de la même ville étoient aussi exempts parce qu'ils paioient la *gorgie* pour les oiseaux de ceux qui ont part au travers sur lequel il ne paroit pas que le seigneur de Boves ait jamais eu d'action. Dès 1326, l'abbaie de Saint-Acheuil percevoit 56 d. parisis de rente.

Il y avoit mairie et échevinage en 1252 et une léproserie

a. Reg. de la ville d'Amiens.

en 1277. On tourboit dès le quatorzième siècle dans les marais*, où les bestiaux de la maison de Fourmanoir ne peuvent paturer que par grâce de l'échevinage d'Amiens. Celui nommé de Saint-Quentin est commun à la ville d'Amiens et à l'abbaye de Saint-Acheuil ; il contient 42 journaux 3 verges, et une sentence du bailliage d'Amiens l'a adjugé aux habitans. A la réserve du droit de pêche, l'évêque renonça au mois de febvrier 1292 à la jurisdiction qu'il avoit entre Cagny et le pont de Longueau. La pairie de la prévôté contient 36 à 40 journaux ; c'est la plus mauvaise du canton, ou pour mieux dire un marais où paissent les bœufs qui voiturent des fers et des ardoises, ce qui l'a fait surnommer le *pré à bœufs*. Il y avoit des vignes sur le territoire en 1462 jusqu'en 1625. Les titres renseignent le *Champ de la Roinse,* un moulin aux waides, le fief Bayart, celui de Heilly entre Longueau et Glisy pour lequel l'évêque doit au seigneur de Glisy 21 s. 8 d. de rente, et le chapitre 3 s. à cause de la chapelle du rouge pillier dans la cathédrale. Le fief abrégé nommé le Court de Longueau dépend du chapitre par 5 s. de relief d'hoir en hoir, et le quint denier pour rente quand le cas y échet ; il tient à la commune et contient 7 journaux environ.

L'église, dédiée à S. Médard, a pour patron le chapitre d'Amiens par la donation que lui en fit ainsi que de la terre Galier, prévôt de la cathédrale[1]. Cette compagnie perçoit deux tiers des dîmes, même sur les possessions du prévot et le curé l'autre. *Gula Asini,* curé en 1279, donna au chapitre 12 journaux de terre à cens pour son obit. Guillaume aux Couteaux, chanoine, donna le 20 février 1510 14 arpens de terre pour l'entretien de deux cierges qui doivent bruler sous le jubé les samedis pendant le *Gaude* et l'*Inviolata.* Il est parlé en 1452 de la chapelle de Jean Blaye. La fabrique a

* Registre du Chap.

150 l.[2] Le 15 avril 1581, des soldats hérétiques brisèrent les images et profanèrent les vases sacrez et, le 7 du même mois 1636, les Espagnols brulèrent le village.

NOTES

1. Le revenu de la cure était de 398 livres en 1730 ; il s'éleva ensuite à 500 livres. Il y avait 200 communiants au XVIIIe siècle.

2. Il s'éleva plus tard à 194 livres.

XXV

LA NEUVILLE-LÈS-AMIENS

(Banlieue d'Amiens, 1306 hab.)

La Neuville, *Nova villa* sous Saint-Acheuil[1], s'est formée vers 1205 de la seigneurie et du domaine de *Huy**[2]. Les habitans, au nombre de 510, sont dans le ressort de la prévôté roialle de Beauvaisis au bailliage d'Amiens et de l'élection de la même ville. La cense est à l'abbaye de Corbie. La coutume locale fut rédigée par Antoine d'Ardre, bailli de Saint-Acheuil, et enregistrée au bailliage d'Amiens le 29 septembre 1507. Sous Louis XII, les habitans plaidèrent pour être détachéz de la banlieue et affranchis des corvéez qui leur paroissoient plus onéreuses que les 12 s. de taille imposéz pour tout le village; ils réussirent dans leur demande, mais, voiant par la suite que leur commune paioit 33 écus 46 s., ils ouvrirent les yeux, demandèrent à rentrer, l'obtinrent et furent raiéz du rôle de l'assiette en 1594. Le seigneur faisoit hommage au vidame ou au seigneur de Rivery en son absence. (V. l'*Hist. d'Am.*, t, I, p. 478)[3]. La paroisse se dessert par un chanoine régulier dans l'église de Saint-Acheuil, et cette abbaye acheta une partie de dîme en 1215.

* Ms. de l'Étoile.

NOTES

1. Voir sur l'origine, l'ancienneté et l'organisation de cette localité le chapitre XIV de l'*Histoire de l'abbaye de Saint-Acheul,* par M. J. Roux.

2. Le Ms. de Ponssemothe de Lestoille dont parle ici le P. Daire a été publié par V. de Beauvillé dans ses *Documents inédits* (I, 341-478). D'après ce Ms., daté de 1712, la Neuville s'appelait primitivement le fief, la cense et le village de Huy, comme le prouve une donation faite à l'abbaye de Saint-Acheul en 1215 par Thomas de la Monnoye et Guy de la Croix. Cette terre fut donnée en 1085 par l'évêque Roricon à l'abbaye de Saint-Acheul. Le nom de la Neuville porté par ce village ne paraît dater que de la seconde moitié du xve siècle.

3. Dans la courte notice que le P. Daire consacre dans cet ouvrage au village de la Neuville, il dit que Bernard de Montmorency fit don au chapitre d'Amiens pour son obit de tout ce qu'il possédait à la Neuville ; ayant sans doute reconnu que cette indication était erronée, le P. Daire ne l'a point reproduite ici ; il avait sans doute confondu cette localité avec Neuville-Witasse, qui appartint pendant longtemps à une branche de la famille de Montmorency. M. J. Roux prétend qu'il faut lire Neuville-sous-Lœuilly, où le P. Daire, dit-il, place les biens donnés au chapitre ; nous devons dire que, à la notice consacrée à Neuville-sous-Lœuilly, le P. Daire ne fait aucune mention de cette donation. (V. le doyenné de Conty.)

XXVI

MARCELCAVE

(Canton de Corbie, 1565 hab.)

MARCEL CAVE ou MARCHEL CAVE, *Marcelli Cavea;* si l'on en croit les gens du lieu, ce village, mouvant de Boves[1], s'appelloit simplement Marcel, et le surnom vient d'une cave spatieuse qui, du château, traversoit tout le village, et qui servoit de refuge en temps de guerre. On y compte 750 habitans de l'élection d'Amiens. L'église[2], dédiée à S. Marcel, est du patronage de l'abbé de Saint-Jean d'Amiens à qui cette terre fut donnée dans le onzième siècle par Guy, seigneur de Vignacourt, chef de la famille d'Amiens*. Alelme de Flessicourt donna l'autel à la même abbaye l'an 1159. La fabrique a 400 l.[3] Bal de Lagrené, ecclésiastique, fit présent d'un vitrage en 1606; il y est représenté en soutane violette et en surplis avec ses armes.

L'an 1217, Jean, abbé de Corbie, concéda à Baudouin de Bonnay, chevalier, une maison ditte le fief de la Monnoie de Corbie avec permission de battre monnoye sans préjudice des droits de l'abbaye à la charge de 30 s. de rente et 60 s. chaque fois que la maison seroit vendue[4]. Il y doit exister une chapelle fondée en 1231. (Du Cange, Ms. Recueil B.)

* La Morlière.

NOTES

1. Jean, seigneur de Barbenchon, se qualifiait en même temps seigneur de Marchel-en-Santerre en 1355 et en 1372. Cette seigneurie appartenait un siècle plus tard à la famille de Pas. Philippe de Pas, fils puîné de Jean II, seigneur de Feuquières, et de Germaine d'Aunoy, était seigneur de Marcelcave et, n'ayant laissé que des filles, l'une d'elles porta cette terre au suivant. Nicolas de Fontaine, écuyer, seigneur de la Neuville-aux-Bois, fils aîné de Jacques et de Guyonne de Belloy, épousa par contrat du 28 août 1538 Françoise de Pas, fille de Philippe, écuyer, seigneur de Marcelcave, et d'Antoinette du Bois. Beaugeois de Fontaine, écuyer, seigneur de Marcelcave, fils puîné du précédent, épousa Antoinette de Forceville et en eut un fils, qui suit. Claude de Fontaine, écuyer, sieur de Marcelcave, épousa par contrat du 30 août 1603 Françoise Gorguette. La terre de Marcelcave passa plus tard à la famille du Fresne; le dernier seigneur fut Pierre-François du Fresne, chevalier, seigneur de Marcelcave, Lamotte, Warfusée, Villers-Bretonneux, Saint-Martin d'Herville, etc.

2. Elle fut incendiée en 1801 en même temps que 78 maisons du village; il ne resta debout que la nef et le clocher; celui-ci, placé à gauche du portail, se compose d'une grosse tour en pierre assez élevée; les ouïes sont géminées en ogive, et le chapiteau du pilier de séparation consiste en une tête. La nef, d'ordre toscan, est moins ancienne. Sur l'un des piliers du chœur, on remarque une bonne statue de la sainte Vierge, qui paraît dater du XVe siècle. La chaire est fort jolie. Une chapelle castrale, avec porte particulière, se trouve sur la gauche de la nef.

3. Le revenu de la cure était de 826 livres en 1728; celui de la fabrique tomba de 400 livres à 226 livres. Il y avait 600 communiants au XVIIIe siècle.

4. En 1368, ce fief noble consistait en un manoir avec 60 journaux de terre. Un siècle plus tard, il appartenait à la famille Hannicque, de Corbie. Antoine Hannicque, vivant en 1488, fut père de Jean dit Jeannet, lieutenant du bailli de Corbie en 1500, procureur et conseiller en la prévôté de Corbie en 1507, lequel eut pour fils François,

conseiller à Amiens, marié à Marie Grisel. Vincent Hannicque, avocat du roi au bailliage d'Amiens, fils de François et de Marie Grisel, eut pour femme Jeanne Roussel, qui lui donna entre autres enfants le suivant. François Hannicque, avocat du roi en 1627, fut allié par contrat du 19 juin 1614 à Barbe du Gard, qui le rendit père de plusieurs enfants. Antoine Hannicque, écuyer, avocat du roi en 1641, fils aîné du précédent, vendit le fief de la Monnaie en 1645 à Nicolas Lefebvre, receveur de Marcelcave.

XXVII

MÉZIÈRES-EN-SANTERRE

(Canton de Moreuil, 622 hab.)

Maizières, *Maceriæ,* mouvant de Boves, contient 590 habitans sous l'élection de Mondidier. Au millieu du 14e siècle, Mathieu de Sechelles avoit cette seigneurie[1]. Jean de Maizières fit du bien aux Célestins d'Amiens en 1366[a] et, la même année, Isabeau, sa veuve, fonda les Célestins de Sens dont il avoit été bienfaiteur. Colard de Colleville précéda dans la seigneurie Thibaut de Flavy, seigneur de Montauban et autres lieux, conseiller, chambellan du roi Charles VIII, pèlerin de Jérusalem, qui épousa sa fille, Marie [de Colleville], mort le 17 décembre 1502[b]. L'abbaye de Saint-Jean d'Amiens a aliéné un fief de 71 journaux de bois, tenu du roi[c]. Le fief Rousseville est sur le territoire[2]; celui de Grandpré relève noblement de Boves. L'église, dédiée à S. Martin, a pour patron l'évêque comme abbé de Saint-Martin-aux-Jumeaux. L'évêque Guarin donna cet autel à l'abbaye l'an 1135. Le prélat y dîme avec l'abbé de Moreuil, le prieur d'Avenescourt, le chapelain de Saint-Nicolas de Maizières et ceux de Saint-Pierre et Saint-Paul dans la cathédrale. Le curé a la 9e gerbe. Les Célestins d'Amiens avoient aussi portion de

a. La Morlière.
b. Ib.
c. Reg. du bail.

dîme inféodée, réunie à l'archidiacre de la même ville en 1782. L'église, dont le chœur est [voûté], est grande et a un bas-côté[3]. Philippe de Maizières, chancelier de Chypre[4], légua 32 s. parisis le 4 juin 1405. La fabrique a 300 l.[5] La chapelle de Saint-Nicolas, du patronage de l'évêque, rend 8 muids de bled, mesure de Mondidier[6]. Celle de Saint-Louis est à la nomination du seigneur[7]. La chapelle de la Magdelaine est chargée de 24 messes. Les biens de la maladrerie ont été réunis à l'Hôtel-Dieu de Mondidier par arrêt du Conseil du 13 juillet 1695. Le duc de Bourgogne campa près ce village le 23 septembre 1472[8]. (Addit. à l'Hist. de Louis XI.)

Giles de Mézières, élu recteur de l'Université le 23 juin 1516. — Jacques de Mézières, le 23 juin 1523.

NOTES

1. La famille de Mézières, qui s'éteignit de bonne heure, eut une certaine illustration. Le premier membre connu de cette famille est Pierre de Mézières, chevalier, qui fonda en 1190 la chapelle de Saint-Nicolas à Mézières. Gilles de Mézières, chevalier, vivait en 1224; il fit du bien au monastère de Saint-Martin-aux-Jumeaux d'Amiens. Guillaume de Mézières, chevalier, vivait en 1247. Mathieu II de Séchelles, seigneur dudit lieu, de Cuvillier et de Vierzon, fournit le dénombrement de la terre de Mézières au mois de septembre 1365; sa fille unique, Jeanne de Séchelles, lui succéda vers 1394 dans la seigneurie de Mézières; elle mourut sans postérité et ses biens furent recueillis par sa tante Marguerite de Séchelles, qui en disposa en faveur de Pierre de Poix, dit Baudrain, son plus proche parent. La terre de Mézières, qui fut sans doute vendue dans les premières années du XVe siècle, eut pendant quelque temps les mêmes maîtres que celle de Démuin. Le 15 juin 1559, Jean IV de Béthisy, écuyer, seigneur de Campvermont, fut saisi de la seigneurie de Mézières, qu'il avait achetée à Antoine Vigier, baron de Magnac, seigneur de Neufville. Gédéon de Béthisy, écuyer, seigneur de Mézières, capitaine de 50 chevaux du roi, fils de Jean IV et d'Antoinette de Biencourt, épousa Charlotte du Tillet, dont il eut sept enfants, entre autres le suivant. Charles de Béthisy, cheva-

lier, né en 1598, commanda les troupes du comte de Soissons à la Marfée le 6 juillet 1641 ; il épousa par contrat du 20 mars 1634 Anne de Perdrier, dont il eut un fils, qui suit, et une fille. Eugène-Marie de Béthisy, plus connu sous le nom de marquis de Mézières, né le 10 mai 1656, fut un brillant capitaine; il se couvrit de gloire dans dix-sept combats ou batailles; il mourut à Mézières le 24 avril 1724; de son mariage en 1707 avec Eléonore Sutton d'Oglethorp, il avait eu six enfants, dont le suivant. Eugène-Eléonore de Béthisy, marquis de Mézières, né le 25 mars 1709, grand bailli d'épée d'Amiens, eut pour femme Elisabeth-Julie de Tarteron, qui le rendit père de cinq enfants. Eugène-Eustache de Béthisy, marquis de Mézières, né en 1739, fut le dernier seigneur de Mézières; il émigra à la Révolution et, à sa rentrée en France à la Restauration, il ne trouva plus un arpent de terre de ses domaines; il ne voulut même pas s'informer du nom des acquéreurs de ses biens; il est mort en 1823.

2. Il y avait un certain nombre de fiefs assis en l'étendue du territoire de Mézières. Le fief de Rousseville, ainsi nommé de ce que ses possesseurs, les Watel, étaient seigneurs de Rousseville, s'appelait précédemment fief des Groseliers. Nous citerons encore les fiefs des Essarts, de la Cense, Laisseval et des Célestins.

3. La partie la plus ancienne est le chœur, qui date du XIVe siècle; le portail est du XVe siècle. A l'intérieur, on remarque de jolies clefs de voûte, entre autres une sorte de petit temple à quatre pilastres d'ordre ionique placés aux angles et comprenant quatre arcades dans leur intervalle; il porte la date de 1660. La chaire est de style Renaissance. Le clocher se compose d'une tour quadrangulaire en pierre comme le reste de l'édifice; il est surmonté d'une flèche à quatre pans; sous le clocher part un souterrain qui se dirige vers le bois.

4. Ce personnage a été l'objet de plusieurs notices; la dernière en date porte pour titre : Dr L. SALEMBIER, *Philippe de Maizières et le Songe du Vergier* (Amiens, 1887, in-8°) ; l'auteur dit avec raison que rien ne prouve que Philippe de Mézières soit né au château de ce village et qu'il tire tout simplement son nom du lieu de sa naissance ; c'est du reste le sentiment que nous avons transmis à M. Salembier à une demande de renseignements qu'il nous avait adressée

pour la composition de son ouvrage. L'auteur d'une *Géographie de l'arrondissement de Montdidier,* après avoir dit que Philippe de Mézières fut l'un des membres les plus distingués de cette famille, ajoute qu'il était issu de la maison de Béthisy ! ! ! Au surplus, cet opuscule, compilation mal ordonnée et mal écrite, fourmille d'erreurs plus grossières les unes que les autres. Les écrivains locaux ne sauraient trop se mettre en garde contre les multiples assertions erronées de l'auteur.

5. Ce revenu descendit ensuite à 226 livres ; celui de la cure était de 322 livres en 1728 ; il s'éleva en 1772 à 520 livres ; il y avait alors 400 communiants.

6. Elle avait été fondée auprès de l'église par Pierre de Mézières en 1190 ; son revenu en 1728 était de 498 livres ; le titulaire, qui était tenu à la résidence, devait dire trois messes par semaine.

7. Sa fondation était due à Guillaume, seigneur du lieu, qui vivait à la fin du XIVe siècle. Le revenu, d'abord de 80 livres, était de 121 livres en 1728 ; le titulaire devait dire une messe par mois.

8. Il venait de traverser l'Avre à Moreuil ; en quittant Mézières, il se rendit à Lihons puis à Péronne. En 1636, les Espagnols brûlèrent l'église de ce village. Au mois d'août 1653, les troupes du prince de Condé levèrent leur camp de Guerbigny et dévastèrent le Santerre ; Mézières eut fort à souffrir de ces ravages.

XXVIII

PLESSIER-ROZAINVILLERS (LE)[1]

(Canton de Moreuil, 694 hab.)

PLESSIER-ROSAINVILLER, *Plaisseium, Plessiacum Radulphi vituli*[2], est mouvant du roi à cause de la Salle de Mondidier[3], et ses habitans, qui méritèrent le surnom de *dévots,* sont au nombre de 580 sous l'élection de la même ville. L'église, dédiée à S. Martin, est à la présentation du chapitre d'Amiens à qui l'évêque Arnoul donna cet autel en 1241. Le prélat nominateur avoit reçu en 1219 de Gautier, seigneur d'Heilly, le patronage et le reste. Le chapitre susdit, les prieurs de Mondidier et de Saint-Aubin en Harponville *(sic)* dîment avec les curéz de Laneuville et de Contoire. La fabrique a 130 l.[4] L'église, rebâtie à neuf, a des bas-côtez[5]. L'évêque nomme à la chapelle de Saint-Louis, dont le chapitre a la présentation ; elle rapporte 40 setiers de bled[6]. La castralle, du patronage du seigneur, exige résidence et produit 5 muids de bled[7].

Le prieuré de Saint-Aubin en Harponval est à la collation de l'abbé de Breteuil[8]. Sur le territoire du Plessier sont le fief de Basin et plusieurs fiefs nobles tenus de la terre par 60 s. paris. de relief et 30 de chambellage avec service de plaids de quinzaine en quinzaine sous peine de 10 s. d'amende et obligation de moudre au moulin 3 setiers de grains pour deux boisseaux[9].

NOTES

1. Bibliographie : *Notice sur le Plessier-Rozainvillers,* par l'abbé A. Marchand, curé d'Airaines. Abbeville, imp. du Cabinet historique de l'Artois et de la Picardie, 1889, in-8°, VII-93 pp. Pl.

2. Le P. Daire a confondu ici le Plessier-Rozainvillers avec le Plessier-Grivesnes, hameau d'une centaine d'habitants dépendant aujourd'hui de Grivesnes, désigné autrefois sous le nom de Plessier-Raulevé.

3. La seigneurie du Plessier relevait, non point de la Salle du Roi à Montdidier, mais de la châtellenie de Moreuil. Les premiers seigneurs connus en portaient le nom. Bernard du Plessier, chevalier, vivait en 1164. Joseph du Plessier était seigneur de ce lieu en 1224; il paraît avoir eu pour succcesseur Ansel du Plessier, mentionné en 1262. Bernard du Plessier fait une donation à l'abbaye de Saint-Fursy de Péronne en 1283. Un siècle plus tard, en 1383, Gilles Bernard, que nous croyons de la famille des seigneurs de Moreuil, fournit le dénombrement de la terre du Plessier. Plus tard, à une date qui nous est inconnue, Jean de Brunvillers se qualifiait seigneur du Plessier; de Marie de Milly, sa femme, il eut une fille, Jeanne, qui épousa le suivant. Guillaume de Milly transmit la seigneurie du Plessier à ses descendants, qui la possédèrent pendant plusieurs générations. Charles de Cambray, écuyer, seigneur de Villers-aux-Erables, devint seigneur du Plessier par son mariage par contrat du 18 mai 1600 avec Jeanne de Milly, fille unique de Charles et de Cécile de Saveuse. Louis de Cambray, écuyer, seigneur du Plessier, Quiry-le-Vert, la Neuville-sire-Bernard, fils cadet du précédent, épousa le 12 mai 1647 Antoinette-Madeleine de Fontaines, d'où est issu entre autres le suivant. Philippe de Cambray, écuyer, seigneur des mêmes lieux, prit pour femme par contrat du 24 juillet 1688 Marie Dournel, qui le rendit père de onze enfants; l'aîné, Florimond de Cambray, devint seigneur du Plessier et de Villers-aux-Erables; dès lors, ces deux seigneuries eurent les mêmes possesseurs jusqu'à la Révolution, ainsi qu'on le verra plus loin à l'article de Villers-aux-Erables.

4. Ce revenu s'éleva plus tard à 364 livres; celui de la cure était de 671 livres en 1728. Il y avait 400 communiants au XVIIIe siècle.

5. La nef, pourvue de deux bas-côtés, date des premières années du XVIIIe siècle, puisque le 21 avril 1708 Maximilien de Cambray posa la première pierre du bas-côté droit. Mais la construction du chœur est antérieure d'un siècle. Le retable du maître-autel et deux statues sont l'œuvre du sculpteur amiénois Vimeux, dont le frère fut curé du Plessier de 1769 à 1806. Le portail, restauré au XVIIIe siècle, est demeuré inachevé ; la rosace qu'il contient fait l'admiration des visiteurs. Le clocher se compose d'une tour carrée surmontée d'un dôme au-dessus duquel s'élève une flèche très aiguë ; il renferme trois cloches bénites en 1860.

6. Son revenu consistait en 4 journaux de terre à la sole affermés 24 setiers de blé en 1728, valant 50 l. 8 s.

7. En 1728, les 27 journaux de terre appartenant à cette chapelle étaient affermés 200 livres. Maximilien de Cambray institua en outre une rente annuelle de 100 livres pour que le chapelain fût tenu à la résidence; cette chapelle était chargée de 104 messes par an.

8. Le prieuré de Saint-Aubin en Harponval fut fondé en 1109 par les seigneurs du Plessier et de Roye ; il était de l'ordre de St-Benoît. Il devint plus tard le siège d'une paroisse assez peuplée, mais qui fut brûlée et abandonnée en 1715 ; l'église fut démolie à la fin du XVIIIe siècle et il ne reste plus rien de cet ancien village, qui faisait partie du doyenné de Moreuil. Le revenu de ce prieuré était de 1881 livres en 1730 ; le bourgeois Scellier, de Montdidier, l'estimait à 3000 livres, et, comme le titulaire n'était tenu qu'à deux messes par semaine, l'annaliste montdidérien ajoute malicieusement que « ce n'était pas trop pour un si beau morceaux. »

9. Dans le dénombrement de la terre du Plessier, fourni en 1383 par Gilles Bernard, il est fait mention de 32 fiefs relevant de ce domaine. Outre le fief Basin, dont parle le P. Daire, il y avait aussi le fief Cardinal, situé entre Saint-Aubin et Mézières, relevant de Démuin. — Le P. Daire a omis de mentionner l'établissement dans ce village, vers 1722, d'une industrie qui occupa plus de 5.000 ouvriers tant au Plessier qu'aux environs : le peignage et le filage des laines et la fabrication des bas. Dans la nuit du 21 au 22 mars 1792, un incendie détruisit l'établissement fondé par les frères Sénart ; les pertes furent évaluées à 716.000 livres ; les propriétaires liquidèrent, puis ils quittèrent le Plessier.

XXIX

LE QUESNEL-EN-SANTERRE

(Canton de Moreuil, 949 hab.)

QUESNEL, *Kaisnel, Caisnael, Caneium* contient 600 habitans sous l'élection de Mondidier. Anselme de Caisnael, frère de Gérard, possédait la seigneurie en 1150. Son successeur Gérard reconnut en 1223 qu'il étoit homme lige et pair de Picquigny, et avoue devoir quatre mois de stage au château [1]. *(Cart. de Picq.)* L'église [2], dédiée à S. Léger, a l'évêque pour patron. Guillaume, seigneur de Bracquemont [3], donna une part de dîme au chapitre d'Amiens en 1393 *. Le prieur de Davenecourt, le chapitre de Fouilloy dîment avec le curé, qui perçoit la 9e gerbe. La fabrique a 450 l. [4] La chapelle de Saint-Vincent, possédée par le séminaire d'Amiens, rapporte 120 setiers de bled, mesure de Mondidier.

Le fief Bayart, relevant de la terre de Hangest, appartient au chapitre d'Amiens qui, le 21 octobre 1636, en rendit foy et hommage au marquis de Nantouillet [5]. Celui de Glisy a haute, moienne et basse justice et droit de four banal. Celui d'Épagny consiste en 35 journaux de terres labourables. Celui de Boulainvillers en 4 [journaux] et 47 verges [6]. Celui d'Aubercourt consiste en 72 journ. 37 verges et demie, le tout en 8 pièces de terre [7].

* Ms. de M. de Court.

NOTES

1. Le P. Daire semble avoir confondu ici les seigneurs du Quesnel-en-Santerre avec ceux du Quesnot, ferme dépendant aujourd'hui de Crouy, canton de Picquigny, et qui était désignée au XIIIe siècle par Caisnel. La seigneurie du Quesnel-en-Santerre relevait en plein fief de l'abbaye de Corbie. Joseph du Quesnel, chevalier, vivait en 1149. Robert du Quesnel fit une donation pour la construction d'une chapelle dans l'église de ce village. Mathieu du Quesnel, neveu du précédent, confirma cette donation en 1243. Jean Picquet, écuyer, gouverneur de la terre de Boves, se qualifiait seigneur du Quesnel en 1384. Le 1er août 1400, Colart de Guisy, écuyer, servit le dénombrement de la seigneurie du Quesnel. Andrieu de Riencourt, écuyer, seigneur d'Orival, Tilloloy, Bergicourt, fils puîné d'Enguerrand et de Mahaut d'Ailly, était seigneur du Quesnel en 1430 ; il mourut en 1477 laissant entre autres enfants de Marguerite de Bergicourt, sa femme, le suivant. Raoul de Riencourt, écuyer, seigneur des mêmes lieux, marié le 10 mars 1477 à Jeanne d'Orgeau, en eut trois fils et une fille. François de Riencourt, écuyer, fils puîné du précédent, servit le dénombrement de la seigneurie du Quesnel le 22 février 1489 ; de Marie de Saint-Arnould, sa femme, il eut un fils, qui suit, et trois filles. Charles de Riencourt, écuyer, capitaine de trois cents hommes de pied, fut marié à Antoinette de Senicourt, dont il n'eut point d'enfants ; ses biens furent recueillis par sa sœur, femme du suivant. Pierre Formé, écuyer, seigneur de Framicourt, marié par contrat du 10 décembre 1546 à Marguerite de Riencourt, en eut un fils, qui suit. Adrien Formé, écuyer, marié à Marie de Beaufort, dont il eut cinq enfants, est mort le 18 juillet 1587 ; il paraît avoir vendu le Quesnel au suivant. Jean le Fèvre, écuyer, seigneur de Caumartin, fils aîné de Jean et de Marie aux Couteaux, épousa le 25 septembre 1548 Marie Varlet, d'où sont issus sept enfants ; la dernière fille épousa le suivant, auquel elle porta le domaine du Quesnel. Jérôme le Maistre, écuyer, seigneur de Bellejamme, conseiller au parlement de Paris, prit pour femme Renée le Fèvre ; il fournit le dénombrement du Quesnel le 13 octobre 1614. Louis le Maistre, écuyer, conseiller au grand Conseil, intendant d'Amiens

de 1636 à 1643, fils aîné du précédent, obtint en 1637 l'érection du Quesnel et de Saint-Marc-en-Chaussée en châtellenie; il mourut en 1666, laissant de Françoise Brandon, sa première femme, un fils et une fille. Jérôme II le Maistre, écuyer, conseiller au Parlement, puis président aux enquêtes, fils du précédent, épousa le 22 août 1650 Marie-Françoise Feydeau, dont il eut cinq enfants; il mourut au mois de décembre 1669. Henri-Louis le Maistre, écuyer, conseiller au Parlement, fils aîné du précédent, est décédé en 1733 après qu'il eut vendu la seigneurie du Quesnel au suivant. Jean le Fort, écuyer, conseiller du roi, devint seigneur du Quesnel par l'acquisition qu'il fit de cette terre le 11 août 1733. Jean-Baptiste-François-Barthélemy le Fort, écuyer, fils du précédent, servit le dénombrement du Quesnel le 26 septembre 1752; ce fut lui qui fit bâtir l'année suivante le château actuel du Quesnel, que l'on a exhaussé juste un siècle plus tard; de Marguerite-Éléonore de Hée, sa femme, il eut entre autres enfants le suivant. Marie-Jean-Baptiste-Charles-François-Léonor-Augustin le Fort, écuyer, fournit le dénombrement du Quesnel en 1769; de son mariage avec Marie-Alexandrine du Fresne de Beaucourt, il eut une fille unique, Marie-Charlotte-Ursule le Fort, qui épousa en 1806 le vicomte Marie-Louis-Alexandre Blin de Bourdon, né à Amiens le 27 avril 1782, successivement préfet de l'Oise et du Pas-de-Calais jusqu'en 1830.

2. L'église a été rebâtie dans ces derniers temps aux frais de Mlle Blin de Bourdon qui fit don à cet effet d'une somme de cent cinquante mille francs. Cet édifice, d'un style bâtard, est construit partie en briques, partie en pierres; le mobilier, également moderne, est très élégant; on y voit surtout un lutrin en fer à jour style Louis XV; il s'y trouve aussi une très jolie crèche dans une chapelle à gauche.

3. Guillaume de Bracquemont dit Braquet avait pour femme Marie de Campremy, dame de Démuin et de Saint-Marc, fille unique d'Eustache et de Péronne de Démuin; la donation de cette part de dîme fut faite le 3 octobre 1393; elle comprenait les deux tiers des dîmes du Quesnel et de Beaufort-en-Santerre; en échange, le chapitre devait célébrer une messe perpétuelle pour le repos des âmes des père et mère de la femme du donateur.

4. Ce revenu ne fut plus ensuite que de 360 livres;

celui de la cure était de 774 livres en 1728. Il y avait 800 communiants au XVIIIe siècle.

5. Il était situé entre le Quesnel et Saint-Marc, et comprenait 37 journaux de terre à la sole.

6. Il était tenu de l'abbaye de Corbie et consistait en 1342 en un manoir et 62 journaux de terre.

7. Pour les autres fiefs assis en l'étendue du territoire du Quesnel, voir notre ouvrage *Notices et choix de Documents inédits pour servir à l'histoire de la Picardie*, Paris, Alphonse Picard, 1893, in-8° (t. Ier, pp. 209 et suiv.) — Le P. Daire a omis de mentionner les vastes souterrains qui ont été découverts au Quesnel en 1749 et qui ont fait l'objet d'un rapport publié dans l'Histoire de l'Académie royale des Inscriptions et Belles-Lettres (t. XXVII, pp. 179 et suiv.)

XXX

SAINT-MARC-EN-CHAUSSÉE

(Terroir de Fresnoy-en-Chaussée, canton de Moreuil)

SAINT-MARD[1] ou MÉDARD-EN-CAUCHIE, *S^tus^ Medardus in Calceiâ,* bâti près une chaussée à un quart de lieue de Roye[2], contient 120 habitans de l'élection de Mondidier qui se sont retirez au Quesnel en 1636 à l'époque de la prise de Corbie. L'église, qui ne subsiste plus, étoit dédiée à S. Médard[3]. L'an 1221, le chapitre d'Amiens, patron de la cure, acheta les dîmes de Jean, seigneur de Campremy, époux d'Aveline, et de Bernard de Moreuil. Dans ce lieu, de l'élection de Mondidier, on découvrit en 1770 une source d'eau minérale que les chymistes jugent égale en vertu à la fontaine de Forges nommée la roialle. Elle est exempte d'acides vitrioliques et de sels qui en contiennent ; elles tiennent en dissolution du fer, du sel marin à base alkaline, de la terre alkaline, du sel marin, de la terre calcaire et un peu de matière grasse de nature végétale[4].

Il y avoit un hôpital dans le 13e siècle. — Le fief Baril relève noblement de Boves[5]. Sur ce terroir et sur celui de *Bonecourt*[6], *Boncurt, Bonacurtis,* il en est un noble tenu du Plessier en foi et hommage paiant d'hoir à autre 60 s. parisis de rente et 30 s. de chambellage avec service de plaids de quinzaine en quinzaine au Plessier sous peine de 10 s. par. d'amende pour chaque défaut ; ce fief a toutte justice[7].

NOTES

1. Il ne subsiste plus rien de cette ancienne localité, qui passe pour avoir occupé l'emplacement du Setucis de la Table théodosienne, le Seeviæ de la Colonne de Tongres; la voie romaine de Noyon à Amiens traversait ce village, qui fut complètement ruiné par les Espagnols en 1636; les habitants se réfugièrent au Quesnel et s'y fixèrent; l'unique maison occupée en dernier lieu par un seul habitant vient de disparaître. A différentes reprises, on a découvert sur le territoire de Saint-Mard de nombreux vestiges de l'époque gallo-romaine, tels que vases, monnaies, etc., et aussi des instruments en silex poli. Saint-Marc, qui n'est plus aujourd'hui qu'un lieu dit, est situé sur le territoire de Fresnoy-en-Chaussée.

2. Le P. Daire s'est trompé et a confondu Saint-Mard-lès-Roye, qui se trouve à 3 kilomètres de Roye, avec Saint-Marc-en-Chaussée, distant de 15 kilomètres de cette ville.

3. L'église de Saint-Marc ne fut jamais réédifiée, aussi le curé n'était-il point tenu à la résidence; cette paroisse continua néanmoins d'exister; le revenu de la cure était de 281 livres en 1728; il s'éleva même plus tard à 500 livres.

4. Nouvelle confusion du P. Daire, qui a été bien des fois reproduite par les historiens locaux; c'est à Saint-Mard-lès-Roye que se trouve la source d'eau minérale dont il est ici question.

5. Il consistait en 35 journaux de terre et en une maison avec lieu et tènement; il appartenait au XVIe siècle à la famille Baril et passa en 1579 par héritage à la famille Rabache.

6. Il faut sans doute lire Beaucourt-en-Santerre.

7. C'est probablement du fief de la Chaussée dont parle ici le P. Daire; ce fief, qui relevait de la Salle du roi à Montdidier, était situé sur les terroirs de Saint-Marc et de Beaucourt. — Saint-Marc eut ses seigneurs particuliers qui étaient les Campremy dès le XIIe siècle et qui étaient encore en possession de cette terre à la fin du XIVe siècle; plus tard, elle appartint aux Formé, seigneurs du Quesnel.

XXXI

THENNES et BERTEAUCOURT

(Canton de Moreuil, 412 et 366 hab.)

Thennes, Tannes ou Thanes, *Tanetæ, Thenis, Thanedis, Thennetum,* appartient à l'abbaye de Corbie, qui acheta de Robert de Boves tout ce qu'il y possédoit jusqu'à *Mallieres.* L'an 1219, Ingelran, seigneur de Boves, vendit à la même abbaye ce qu'il possédoit et tenoit d'elle en fief dans les marais et bois nommé Chefval *(Cartul.)*, et l'abbé Hugues acheta en 1223 la mairie qu'exerçoit Eustache, à qui l'on donna en échange annuellement 4 muids de froment à la charge de faire hommage à l'abbaye. Cette terre et seigneurie consiste en haute, moyenne et basse justice, champart, 100 journaux de terre environ, bois, taillis, préz, moulins et censives [1]. On y compte, compris Bertaucourt [2], 270 habitans des élections d'Amiens et Mondidier et sous la prévôté royale de Beauvais au bailliage d'Amiens. Thennes est mouvant de Boves, ainsi que le fief noble du travers du pont [3]. La maison de Sacquespée a seigneurie dans le village.

L'église [4], dédiée à S. Quentin, l'étoit déjà à S. Jean-Baptiste. L'abbé de Corbie a le patronage. L'antiphonier a au moins 500 ans. — La chapelle de Saint-Urbain a le même patron.

NOTES

1. Le premier seigneur connu est Mordramme, huitième abbé de Corbie, qui donna le domaine de Thennes, où il paraît être né, à l'abbaye de Corbie en 780; cette terre fut ensuite aliénée comme fief au profit des seigneurs de Boves. Enguerrand de Boves vendit à l'abbaye de Corbie le bois du Quesnel, — appelé Chefval par le P. Daire, — d'une contenance de 56 journaux. C'est au mois de décembre 1247 que Robert de Boves vendit à Raoul, abbé de Corbie, moyennant 900 livres parisis tout ce qu'il possédait à Thennes et qu'il tenait en fief de l'abbaye. A partir de cette époque jusqu'à la Révolution, la seigneurie de ce village appartint à l'abbaye de Corbie. — Notons quelques faits historiques concernant cette localité. Au xe siècle, il y avait des religieux de Corbie à Thennes. En 1224, les moines de Corbie faisaient extraire de la tourbe à Thennes. En 1452, la pêche de la rivière de Luce est louée pour trois ans moyennant une redevance annuelle de 3 sols. En 1524, le moulin devait 32 sols pour la retenue de l'eau de la Luce. Pendant la Ligue, le château fut pris par le capitaine Lefort, qui reçut l'ordre, le 28 janvier 1589, de quitter ce château pour aller s'établir dans celui de Contre. Le bois de Thennes contenait 6 arpents; en 1712, le gouvernement réclama mille palissades à prendre dans ce bois pour fortifier la citadelle d'Amiens. En 1788, l'abbaye de Corbie louait 6 verges de terre moyennant un bouquet de fleurs servi annuellement au censivier.

2. Ce village, qui n'eut jamais d'église, avait ses seigneurs particuliers. Le premier connu d'entre eux est Sangler de Berteaucourt, cité parmi les fieffés de la prévôté de Fouilloy en 1337; ses descendants, qui nous sont inconnus, ont possédé le domaine de ce lieu jusque dans les premières années du xviie siècle. Balthazar de Berteaucourt, écuyer, est le dernier de ce nom qui posséda le domaine de Berteaucourt; de son mariage avec Marie du Mont, il eut deux fils, Hugues et Charles, mais, le 15 avril 1603, la terre de Berteaucourt fut adjugée au bailliage d'Amiens sur Philippe de la Rose, qui avait épousé Marie du Mont, au profit de Philippe de Sacquespée, écuyer, seigneur de Thézy, moyennant 6.600 livres. François de Sacquespée, écuyer, seigneur de Thézy, Fouencamps et autres lieux,

fils aîné du précédent et d'Antoinette des Groseliers, épousa par contrat du 26 février 1625 Jeanne de Chambly, d'où sont issus six enfants. René de Sacquespée, écuyer, capitaine de cavalerie, fils aîné du précédent, épousa par contrat du 27 novembre 1667 Marie-Charlotte de Chambly et en eut trois fils. Jean-Charles de Sacquespée, écuyer, né en 1665, capitaine de cavalerie, fils aîné du précédent, mourut sans alliance le 17 décembre 1741. Bernard-Nicolas de Sacquespée, mousquetaire du roi, frère puîné du précédent, en hérita la seigneurie de Berteaucourt et, étant mort lui-même sans alliance en 1761, il la légua à son dernier frère, qui suit. René de Sacquespée, chevalier, seigneur de Thézy, Berteaucourt, etc., né en 1693, épousa par contrat du 6 mai 1742 Marie-Geneviève-Nicole-Gabrielle de Grouches de Chepy; il mourut en 1771, ayant eu cinq enfants. René-Nicolas-Suzanne de Sacquespée, chevalier, né en 1743, fils aîné du précédent, officier d'infanterie, chevalier de Saint-Louis, est mort à Thézy en 1793; il était le dernier de son nom.

3. Ce fief consistait en un droit de travers à prendre au pont de Thennes sur le chemin d'Amiens à Montdidier; il paraît avoir appartenu primitivement aux seigneurs de Boves, qui l'aliénèrent ensuite. Il appartint successivement, à partir de la fin du XIVe siècle, aux Créquy-Heilly, aux Pisseleu et aux Gouffier. — Le fief Baubet — du nom de ses possesseurs au XIVe siècle, — consistait en une masure à Thennes donnée à cens à charge de chasser les grenouilles toutes les fois que l'abbé de Corbie allait manger à Thennes.

4. Le sanctuaire et les deux chapelles forment la partie la plus ancienne de l'église de Thennes qui, du reste, est dépourvue d'intérêt. Les lambris proviennent de l'abbaye de Corbie et sont l'œuvre d'un menuisier de cette ville. La nef date de 1835. Chaire dite à la romaine. Le clocher se compose d'une tour quadrangulaire très élevée pourvue de doubles contreforts aux angles; elle est surmontée d'une flèche en charpente à quatre pans; les trois cloches furent bénites en 1837. Saint Quentin est le patron de Thennes et saint Jean-Baptiste est celui de Berteaucourt, son secours. L'abbé de Corbie pouvait visiter l'église de Thennes sans que l'évêque d'Amiens pût le faire. Le revenu de la cure était de 1.000 livres en 1728, et celui de la fabrique, de 250 livres. Il y avait 300 communiants au XVIIIe siècle.

XXXIII

VILLERS-AUX-ÉRABLES

(Canton de Moreuil, 153 hab.)

VILLERS-AUX-ÉRABLES, *Villeris* et *Villaris ad Araules,* contient 190 habitans sous l'élection de Mondidier[1]. Le fief des Célestins d'Amiens leur fut donné ainsi que ce qu'ils y possédoient en juillet 1467 par Philippe de Morvilliers, bailly d'Amiens et échanson du roi[a]. Ce fief et deux autres appartenans aux mêmes avec seigneurie et consistans en terres labourables, dîmes, champart et censives, ont été réunis en 1782 aux collégiales de Saint-Nicolas et de Saint-Firmin le Confesseur dans la ville d'Amiens.

L'église[2], dédiée à S. Sulpice, a l'évêque pour patron. Le chapitre d'Amiens acheta sa portion de dîme de Robert, prieur, en 1231. l'Hôtel-Dieu d'Amiens y a quelque chose par arrangement avec Guillaume de Villers en 1207[b]. Le reste se prenoit par les collégiales et le curé. La fabrique a 100 l.[3].

NOTES

1. Le premier seigneur connu est Guillaume de Villers, chevalier, vivant en 1207. Son fils, Robert de Villers, vivait en 1231. En 1490, Jean de Cailleu, seigneur de Plainval, fils de Jean, maïeur de Montdidier, se qualifiait

a. Cart. Celestin.
b. Cart. hospit.

seigneur de Villers-aux-Erables. Quelques années plus tard, cette terre appartenait à Jacques de Fontaines, écuyer, seigneur de Wiameville; elle passa par acquisition, vers 1600, dans la famille de Cambray, qui s'y perpétua jusqu'à la Révolution. Charles de Cambray, écuyer, seigneur de Maubuisson, fils de Claude et d'Antoinette le Parmentier, marié par contrat du 18 mai 1600 à Jeanne de Milly, fille de Charles, seigneur du Plessier, et de Cécile de Saveuse, acheta la seigneurie de Villers-aux-Erables à Christophe de Fontaines ou à ses héritiers. Charles de Cambray, écuyer, fils aîné du précédent, épousa par contrat du 2 août 1629 Catherine de Louvencourt, d'où sont issus quatre enfants. Maximilien de Cambray, fils aîné du précédent, né en 1639, fit bâtir le château de Villers-aux-Erables; il mourut célibataire le 13 septembre 1716, laissant la terre de Villers à son cousin, qui suit. Philippe de Cambray, écuyer, seigneur du Plessier et de la Neuville, fils aîné de Louis et d'Antoinette-Madeleine de Fontaines, eut pour successeur son fils aîné, qui suit. Florimond de Cambray, écuyer, né le 30 septembre 1689, épousa Marie-Angélique de Gouffier et en eut cinq enfants; il mourut le 2 juin 1763. Maximilien-Eugène-Florimond de Cambray, chevalier, comte de Villers, fils aîné du précédent, est né en 1718; de son mariage avec Charlotte-Aimé Destuquoy de Schulemberg, il n'eut qu'une fille, morte jeune; avec lui s'est éteinte la branche aînée de sa famille. La branche cadette, établie en Gâtinais, avait alors pour représentant Louis-Antoine-Jean-Baptiste, comte de Cambray, colonel d'artillerie, qui recueillit les terres de Villers, le Plessier, etc., à la mort du précédent, arrivée vers 1785; de son mariage par contrat du 2 novembre 1783 avec Marie-Jeanne-Etiennette-Barbe de Riencourt, le comte de Cambray n'eut pas d'enfants; il mourut au château de Villers-aux-Erables le 26 février 1822; son neveu, Louis de Cambray, né à Florence, secrétaire général des édifices du grand-duché de Toscane, fit vendre les propriétés qu'il recueillit de la succession du comte de Cambray; le château et une partie de l'ancienne seigneurie de Villers furent achetés par M. Cadeau d'Acy, élu conseiller général de la Somme en 1832, député de l'arrondissement de Montdidier de 1837 à 1848, mort au mois de juin 1860.

2. A l'époque où écrivait le P. Daire, l'église de Villers se trouvait dans le parc du château; elle était fort petite et n'offrait rien de particulier; elle renfermait une chapelle castrale bénite le 14 janvier 1420; un incendie la détruisit

quelques années avant la Révolution. M. de Cambray fit édifier à ses frais, au centre du village, l'église actuelle, qui est entièrement construite en pierres du pays; elle s'annonce avantageusement au loin par la haute façade de son portail d'ordre toscan. A l'intérieur, le morceau le plus remarquable est le maître-autel; il est en pierre et provient de l'abbaye de Corbie, qui le tenait elle-même d'une église de Compiègne; il paraît être l'œuvre du sculpteur amiénois Blasset. Dans le cimetière se trouve la chapelle sépulcrale de style romano-byzantin de la famille Cadeau d'Acy, construite en 1862.

3. Ce revenu s'éleva plus tard à 176 livres; celui de la cure, qui était de 345 livres en 1728, fut ensuite de 500 livres. Il y avait 125 communiants dans cette paroisse au XVIIIe siècle.

XXXII

VILLERS-BRETONNEUX[1]

(Canton de Corbie, 4675 hab.)

VILLERS-LE-BRETONNEUX, *Villaris Britanis,* mouvant de Boves, contient 920 habitans qui fabriquent des serges à l'instar de celles de Crèvecœur. L'arrêt de 1723 les comprend dans le réglement de 1669. La maison de Monchy d'Hocquincourt a la seigneurie[2]. La cense de Bettencourt le Noir, size entre ce village, le Hamel, Marcelcave et Vaire, consiste en une masure et 300 journaux de terre labourable[3]. Gilles de Creton, sire d'Estourmel, en 1232 et 1234 donna à l'abbaye de Vauchelles onze muids de terre à prendre sur cette terre (Bettencourt) tenue en fief de Jean de Dours, seigneur de Walincourt.

L'église[4], dédiée à S. Jean-Baptiste, est à la collation de l'évêque, à qui le chapitre d'Amiens présente. L'an 1219, Gautier, seigneur d'Heilly, donna au prélat Geoffroy le patronage, les dîmes et dépendances, ainsi que tout ce qu'il possédoit. Le chapitre présente depuis 1241 par donation de l'évêque Arnoul; cette compagnie y dîme avec l'abbé de Corbie, le chapelain de Saint-Paul du lieu, la dame de Demuin, par transaction avec l'abbaye du Paraclet et le curé. La fabrique a 300 l.[5] Le pape Paul V accorda en 1608 des indulgences pour qui visiteroit l'église le jour du patron.

La chapelle de Saint-Paul, à la nomination de l'abbé de Corbie, vaut 200 l. Celle de Sainte-Marie-Magdelaine a été fondée en 1221 par le chevalier Gilles, seigneur du lieu, qui la remit à l'évêque, et le prélat en donna la collation à son chapitre. Les Espagnols brûlèrent ce village le 13 août 1636[6].

NOTES

1. Bibliographie. *Monographie de Villers-Bretonneux,* par Alcius Ledieu. Paris, H. Jouve. In-8°.

2. Villers-Bretonneux était l'une des quarante terres à clocher relevant de la baronnie de Boves. Les premiers seigneurs connus en portaient le nom. L'héritière de cette maison, Jeanne de Villers, qui vivait en 1234, porta cette terre avec celles d'Aubigny et de Saint-Gratien dans la famille de Rivery, par suite de son mariage avec Gilles de Rivery, chevalier, seigneur dudit lieu. Le chanoine la Morlière, qui a donné la généalogie de la famille de Rivery, dit qu'elle était d'une origine fort ancienne, qu'elle était une de celles qui prenaient part à la chasse aux cygnes sur la Somme et que, lorsque l'évêque d'Amiens prenait possession de son siège épiscopal, le chef de la maison de Rivery avait le privilège de conduire la mule du prélat et de s'en emparer ensuite ainsi que de toute la vaisselle qui avait servi au repas d'installation. Valeran de Rivery, fils de Thibaut et de Marguerite d'Esne, fournit le dénombrement de la terre de Villers-Bretonneux vers 1387; ce document, publié par M. de Beauvillé *(Doc. inéd.*, II, 103), est fort intéressant; de son union avec Isabeau de Longroy, il eut un fils, Antoine de Rivery, capitaine d'Amiens en 1465, lequel eut de Jeanne d'Applaincourt, sa seconde femme, un fils nommé Jean, qui était capitaine de Thérouanne en 1481. Le 2 juin 1605, la seigneurie de Villers fut adjugée par décret sur Antoine de Rivery, fils de Jean et d'Antoinette de Moreuil, à Isaac de la Fontaine, écuyer, seigneur de Villeneuve, maître d'hôtel du roi Henri III, troisième fils d'Antoine, seigneur de Bachets, Villeneuve et Levignon, commissaire d'artillerie, et d'Anne de la Rivière; il avait pour femme Marie de Rivery; c'est donc à tort que le P. Anselme et Lachesnaye-Desbois disent qu'il mourut sans alliance. Le 1er juillet 1620, Isaac de la Fontaine et sa femme vendirent le domaine de Villers à

Arthus de Moreuil, seigneur de Caumesnil, Tencques, Liomer et autres lieux, gouverneur de Rue, fils aîné de François et de Marie de Mairé ; de son mariage avec Charlotte de Halluin d'Esclebecq, il eut deux fils et trois filles. Alphonse de Moreuil, chevalier, comte dudit lieu, brigadier général des armées du roi, seigneur de Liomer et autres lieux, fils cadet du précédent, n'eut qu'une fille de son mariage avec Hélène Fourré de Dampierre ; cette terre paraît avoir été vendue vers les premières années du XVIIIe siècle à M. Palyart d'Aubigny ; elle passa ensuite à son gendre. Le dernier seigneur fut Pierre-François Dufresne, chevalier, seigneur de Marcelcave, Lamotte, Warfusée et autres lieux, conseiller du roi, lieutenant général au bailliage d'Amiens. Nous n'avons trouvé aucun document établissant que Villers-Bretonneux appartînt aux Monchy-Hocquincourt, comme l'avance le P. Daire ; le dernier membre de la branche des Monchy-Hocquincourt est mort en 1692, bien antérieurement à l'époque où écrivait le P. Daire.

3. Les bâtiments de cette ferme ont été ruinés pendant l'invasion espagnole de 1636.

4. A l'époque où écrivait le P. Daire, l'église de Villers était celle qui a été démolie en 1860 ; elle était de style ogival flamboyant et, à l'intérieur, on remarquait quelques ornements de la Renaissance ; elle était pourvue de deux bas-côtés. Le clocher, situé à droite du portail, consistait en une tour de pierre plus ancienne que le reste et surmontée d'une haute flèche en charpente. Au-dessus de la porte se voyait une accolade commençant par des anges qui tenaient des lacs et alternant avec des feuillages et des griffons. L'église actuelle, construite presque entièrement en briques, a été bénite le 20 mai 1860 ; elle mesure 57 mètres sur 22 mètres de large ; la hauteur des tours est de 33 mètres. Le style adopté est le style ogival pur, imité de la cathédrale d'Amiens dont on a reproduit la forme des piliers. Cet édifice a coûté environ 300.000 fr.

5. Le revenu de la cure était de 612 livres en 1728 ; il s'éleva plus tard à 892 livres. On comptait 600 communiants au XVIIIe siècle.

6. H. Dusevel dit dans ses *Lettres sur le département de la Somme* (p. 321) qu'au XVe siècle les habitants de Villers étaient tenus de faire chaque année 300 pieds de mur à la clôture du village ou autour de la maison du seigneur au

choix de celui-ci. D'après le dénombrement de la terre de Démuin, fourni en 1482 par Thibaut de Flavy, ce seigneur déclare que tous les habitants de Villers-Bretonneux sont baniers à ses deux moulins dudit Démuin. Le château fort de Villers, assiégé en 1346, était situé dans le voisinage de l'église ; au XVIIIe siècle, M. Palyart d'Aubigny commença la restauration de ce château qu'il ne termina point ; sur son emplacement et avec une grande partie de ses matériaux, M. Adrien Obry a fait construire une maison en 1818. Vers 1832, on a trouvé à proximité de l'antique chaussée qui traverse le village un vase en grès gris renfermant 50 médailles romaines. En 1839, on a découvert dans le cimetière de Saint-Martin d'Herville une certaine quantité de sarcophages renfermant de petits vases remplis de poussière. Au lieu dit la Ronde Fosse, on a mis à jour des fondations très importantes et affectant la forme circulaire. Si l'on en croit la tradition, un établissement de Templiers se trouvait au lieu dit les Terres Noires près du bois de Morgemont. Citons les lieux dits et les noms de rues suivants : Vallée du Diable, bois l'Abbé, les Vignes, rue du Pressoir, rue des Tavernes, fort Mardy ; entre la rue du Pressoir et la Grande-Rue se trouve un fossé profond qui devait correspondre avec le fort Mardy. Ce village, dont la population a augmenté dans des proportions considérables depuis le commencement du XIXe siècle, est aujourd'hui le centre d'un commerce important de bonneterie ; la fabrication des articles de laine occupe plus de dix mille ouvriers tant à Villers qu'aux environs, mais cette industrie périclite et la population a décru d'un millier d'habitants depuis vingt-cinq ans.

HISTOIRE LITTÉRAIRE

SAINTE GODEBERTE

On ne sait pas au juste le lieu de sa naissance [a]. Les uns la font naître dans l'étendue de la terre de Boves, à deux lieues d'Amiens, d'autres au village de la Neuville sous Saint-Acheuil. C'est même une tradition qu'elle descendoit de la maison de Boves. Ses parens, les plus qualifiés du pays, étoient aussi considérés par leur piété que par leur noblesse, aussi lui procurèrent-ils une éducation fort chrétienne [b].

Elle fut baptisée longtemps après sa naissance, suivant la coutume de ce temps ; alors on différoit quelquefois le baptême jusqu'à la mort afin d'obtenir la rémission entière de ses péchéz quant à la peine et quant à la coulpe. Godeberte répondit parfaitement aux soins que sa famille se donna pour elle, et, se fortifiant dans la vertu à mesure qu'elle croissoit en âge, elle conçut le généreux dessein de se consacrer au Seigneur.

a. Baillet, *Vie des SS.*
b. *Annales de Noyon.*

Dès qu'elle fut nubile, plusieurs partis considérables la recherchèrent à cause de sa naissance illustre [a] ; mais elle les refusa tous, et ses parens n'osèrent la marier sans le consentement du roy Clotaire, dont ils tenoient un bénéfice militaire. Peut-être aussi n'avoient-ils point de garçon et souhaitoient-ils de faire passer le bénéfice à leur gendre et, pour cela, il falloit en prendre un qui fût agréable au roy, si Godeberte avoit été du goût des engagemens mondains ; mais son cœur ne respiroit que la retraite.

Ayant à faire choix d'un directeur spirituel, elle préféra à l'évêque d'Amiens, son pasteur naturel, saint Éloy, évêque de Noyon [b], qui lui donna le voile sacré et l'anneau à l'âge de 28 ou 30 ans, vers l'an 658, en présence du roy Clotaire, qui, pour récompense des vertus qu'il admiroit en elle, lui donna une maison ou plutôt le palais qu'il avoit à Noyon avec deux fermes qui en dépendoient et l'oratoire de Saint-Georges.

En possession de cet emplacement, elle y établit une communauté de douze filles qui se joignirent à elle sous la direction de saint Éloy, qui l'en établit supérieure [c]. Elle reçut l'habit des mains d'Eustase, abbé de Luxeuil, ou peut-être de celles de l'évêque de Noyon à la sollicitation de cet abbé.

Godeberte fraioit le chemin des vertus aux vierges dont elle avoit la conduite, et les accoutumoit à fuir la conversation des personnes du siècle par sa retraite constante et continuelle. Les jeûnes fréquents duroient quelquefois deux ou trois jours de suite. Elle appauvrissoit sa communauté pour revêtir les pauvres, veilloit et prioit sans cesse. Quoiqu'elle se fût interdit tout commerce avec le monde, elle ne faisoit aucune difficulté de quitter sa solitude lorsque la charité l'exigeoit. Dans un incendie arrivé à Noyon, elle se

a. Dubos, tome 3.
b. Marlot, *Hist. Remens.*
c. *Acta SS. ordin. S^ti^ Bened.*

fit porter, quoique malade, au-devant des flammes, que Dieu arrêta en récompense de sa foy. Dans un temps de peste, elle fit recourir les habitans à la prière, aux jeûnes, aux aumônes et, peu de jours après, le fléau s'écarta. Elle ne fit pas moins de prodiges après sa mort, qui arriva vers l'an 695.

Elle mourut sanctifiée par une longue suite de grâces, et fut enterrée le 11 avril dans l'église des saints Apôtres[a]. Ses reliques furent transférées solemnellement de cette église dans la cathédrale vers l'an 1499, et l'église de son nom n'en a que quelque portion. Elle est représentée au portail de la cathédrale.

Sa fête principale, qui se fait le 11 avril, jour de sa sépulture, ayant été négligée, l'évêque Charles de Balzac ordonna le 9 avril 1604 qu'on la solemniseroit dans la ville et les fauxbourgs de Noyon sous peine d'excommunication. La fête de l'élévation de son corps est marquée au 27 du même mois[1].

1. Bibliographie : *Acta SS. Bolland.* (1675), II, 31-32; CORBLET, *Hagiographie du diocèse d'Amiens* (1870), II, 550-569; LAFFINEUR, *Vie de Ste Godeberte,...* 1856, in-16; LELONG, *Bibliothèque de la France,* 4481-4483; Louis de MONTIGNY, *La vie de la bienheureuse vierge sainte Godeberte,...* 1630, in-8°; PAGI, *Crit. Ann. Bar.* (1689).

ANONYME, MOINE DE CORBIE

Il polit et lima, vers l'an 680, la vie de sainte Bathilde qu'un moine de Chelles avoit composée[b]. Il y ajouta seule-

a. *Annal. de Noyon.*
b. Bollandus, 26 janv.

ment quelques circonstances, éclaircit certains endroits, et joignit à la fin un nouveau chapitre où il compare la sainte aux reines pieuses qui l'avoient précédée. Bollandus l'a publiée avec d'amples et savantes remarques [1].

Un autre de la même abbaye a écrit vers l'an 700 l'histoire de la translation des reliques de S. Gentien, martyr, en cette église *.

1. Extrait de l'*Histoire littéraire de la France*, III, 638-639 et V, 10.

PRECORDE

Prêtre de Corbie [1]. Lelong, *Bibl.*, éd. de 78, nº 11.372.

1. Dans son *Hagiographie du diocèse d'Amiens* (IV, 572-574), l'abbé Corblet dit que ce saint, originaire d'Islande ou d'Ecosse, est qualifié à tort moine de Corbie et disciple de Paschase Ratbert; il se fixa au XIe siècle à Vailly, dans le Soissonnais; ses reliques furent transférées à Corbie.

* *Acta SS. O. S. B.*

SAINT MARTIN

Martin, moine de Corbie, se distingua par ses vertus. Charles Martel, dont il fut chapelain, avoit tant de confiance en lui, qu'il le prit pour son confesseur[a]. Il étoit en réputation sous Grimon, cinquième abbé de Corbie. La mort l'enleva à Saint-Priet l'an 726. Son corps se conserve chez les frères prêcheurs de Limoges, où sa fête se célèbre le 6 des kalendes de décembre, et où l'on montre sa tête au peuple[1].

1. C'est au village de Saint-Priet-sous-Aixe, petite ville sur la Vienne, à trois lieues de Limoges, que mourut ce bienheureux le 26 novembre 726. Voy. *Hag. du dioc. d'Am.*, III, 223-225. Cf. MABILLON, *Acta SS. Bened.* (1672) III, 462-463.

SAINT ANSCHAIRE

Saint Anscaire ou Ansgare, comme il se nomme lui-même, naquit à Corbie ou dans le voisinage[1] l'an 801[b]. Il perdit sa mère à l'âge de 5 ou 6 ans, dans le temps qu'il

a. *Acta SS. ordin. S^ti bened., sæculo 3.*
b. Mabillon.

apprenoit les premiers élémens de la doctrine chrétienne et des lettres. Dès sa plus tendre jeunesse, il renonça aux divertissemens ordinaires à ceux de son âge et n'eut d'autres plaisirs que ceux de l'étude et des exercices de piété. Son père l'offrit à l'âge de douze ans au monastère de Corbie, où il s'engagea dans l'état monastique, et on l'y forma avec beaucoup de soin dans la discipline religieuse. S'étant, par fragilité humaine, relâché de sa première ferveur, la mort de l'empereur Charlemagne, qu'il avoit vu dans tout l'éclat de sa majesté, le frappa d'une frayeur qui lui devint salutaire, et il se rendit très exact dans la pratique de l'oraison et de l'abstinence.

Il eut pour maître à Corbie le savant Pascase Ratbert[a], sous lequel il fit des progrès si rapides dans les sciences qu'on le jugea capable d'en faire des leçons après lui[b]. On lui commit d'abord le soin d'instruire les enfans qu'on élevoit dans le monastère. Ayant été choisi en 822 par saint Adhalard pour être de la colonie religieuse qu'on faisoit passer à Corwei en Saxe, il fut continué dans la fonction d'enseigner les lettres. Le succèz avec lequel il s'acquitta de cet emploi fit juger qu'il réussiroit également à faire des instructions publiques. On le chargea donc du ministère de la parole, et Anscaire, tout jeune qu'il fût, eut l'honneur d'être le premier modérateur de cette nouvelle école et le premier docteur du peuple de ce pays-là.

En 826, la Providence lui fit naître une autre occasion de signaler son zèle pour le salut des âmes[c]. Heriold, roy d'une partie du Danemarck, ayant été chassé de ses États, étoit venu implorer la protection de Louis le Débonnaire pour son rétablissement. L'empereur lui persuada de se faire chrétien et, l'ayant tenu sur les fonts de baptême, il le secourut d'une

a. *Act. SS. ord. S. bened.*
b. Baillet.
c. *Act. SS. ord. S. ben.*

somme d'argent. Comme il vouloit, en retournant dans son pays, avoir quelqu'un qui pût l'aider de ses conseils et s'affermir dans la foy qu'il professoit, l'empereur lui donna Anscaire qui, malgré le péril de cet employ, que plusieurs avoient refusé, accepta volontiers la commission. C'étoit Wala, cousin de l'empereur et frère de saint Adhalard, qui l'avoit annoncé comme l'homme le plus propre pour ce qu'on souhaitoit. Tous ses amis l'en détournoient et, pour se délivrer de leurs persécutions pendant le temps qu'il fut retenu à la cour qui, pour lors étoit à Ingelheim, près de Mayence, il se retiroit chaque jour dans une vigne où il s'occupoit à la prière et à la lecture de l'Écriture sainte. Le nommé Aubert, qui faisoit la charge de procureur dans l'abbaye de Corbie en France, s'offrit de l'accompagner et, après s'être embarquéz sur le Rhin avec le prince Heriold, ils arrivèrent en Danemarck.

Ils commencèrent par endoctriner les chrétiens mal instruits et vitieux; ils convertissoient les idolâtres grossiers tant par leurs prédications que par l'exemple de leurs rares vertus. Ils ouvrirent aussi une école pour l'instruction des enfans, et ils en achetèrent plusieurs pour en pouvoir disposer librement et les mieux former à la piété. Le bruit des grands succèz de leurs prédications leur attira beaucoup de personnes qui se donnoient à eux pour les aider dans la mission ou dans leurs besoins particuliers. Au bout de deux ans, Anschaire perdit son collègue, qui mourut à Corbien en Saxe durant les fêtes de Pâques, l'an 828.

Trois ans après, des ambassadeurs de Suède vinrent en France de la part du roi Bern ou Biorn, et témoignèrent à Louis l'envie qu'avoit leur prince d'avoir dans ses États des prédicateurs pour y annoncer l'évangile. L'empereur jetta encore les yeux sur Anscaire pour l'exécution de ce dessein. Anscaire se chargea de la nouvelle mission et partit aussitôt pour la Suède accompagné de Witmar, autre moine de Corbie.

Ils étoient à peine embarquéz lorsque leur vaisseau fut pris par des pirates qui leur enlevèrent tout ce qu'ils avoient et entre autres choses plusieurs livres qu'ils portoient. Réduits à l'indigence, plusieurs étoient d'avis de retourner en Saxe, mais Anschaire, plein de confiance en Dieu, les engagea à continuer leur chemin. Après bien des fatigues, ils arrivèrent à Birck ou Biorck, lieu de la résidence du roy Bern. La publication de l'évangile n'y trouva point d'opposition ; ils y firent quelques fruits. Mais, au bout de cinq à six mois, il revint en France avec Witmar rendre compte de ses travaux apostoliques.

L'empereur Louis le Débonnaire, désirant les favoriser de tout son pouvoir, prit le party de faire ériger un archevêché à Hambourg et d'en faire ordonner Anschaire premier archevêque[a]; c'est ce qui fut exécuté en 831 à Aix-la-Chapelle dans une assemblée de prélats et de seigneurs de l'empire. Drogon, évêque de Metz, le consacra, assisté des évêques Helligaud, de Verdun, et Villerié, de Brême. L'acte public qu'on en dressa est glorieux à la mémoire d'Anschaire, qui, cette année, exposa à l'empereur le succèz de sa mission en Suède.

Le nouvel archevêque alla ensuite à Rome faire confirmer l'érection de son siège par le pape Grégoire IV, qui lui donna le pallium et l'établit son légat pour tous les pays du Nord[b]. Comblé de ses honneurs, il partit pour pousser ses conquêtes spirituelles. Le succèz en fut d'abord assez heureux sous la protection d'Herie, roy de Danemarck, et d'Olef ou Olave, roy de Suède, dont il avoit su gagner l'amitié. Mais, dès 845, ce bon succèz fut inopinément interrompu par le malheur qui arriva à la ville de Hambourg que les Normans incendièrent. Tout fut pillé. L'église, le monastère et la bibliothèque du saint, qui étoit considérable, furent

a. Baluze, t. I.
b. Mabil. *Act. SS. ord. S. B.*

brûléz et on lui enleva tout ce qu'il possédoit. Il eut lui-même beaucoup de peine à se sauver avec les reliques de sa nouvelle cathédrale. Pour surcroît d'infortune, il se vit abandonné par ses prêtres et ses religieux que la nécessité obligea de retourner à l'ancienne Corbie et ailleurs. Ces revers l'ébranlèrent beaucoup, moins que la désertion des églises de Suède. Il ne laissa pas de soutenir encore sa mission avec le petit nombre de ceux qui étoient demeuréz près de lui pour partager ses souffrances. Il exerça toujours sa légation et prit le même soin qu'auparavant des églises qui étoient de sa dépendance, travaillant aussy à rassembler peu à peu son troupeau dispersé. Pendant le cours de ces occupations, il assista au concile de Mayence l'an 847.

Il continua ainsy dans le ministère de son apostolat, souffrant la faim, la soif, le froid du pays et les mauvais traitemens des infidèles jusqu'en 849, temps auquel Louis, roy de Germanie, jugea à propos d'unir l'évêché de Boême à l'archevêché de Hambourg afin que le saint prélat pût avoir une église pour y faire sa résidence. Le pape Nicolas confirma cette union et y établit Anscaire, qu'il fit encore son légat dans les provinces du septentrion. Le zélé missionnaire fit bientôt refleurir la religion par tout le Danemarck sous la protection du roy Horic. Ces succèz lui donnèrent le courage de rétablir la mission de Suède que Gaudebert avoit abandonnée. Il y alla avec des lettres de recommandation du roy de Danemarck et un de ses principaux officiers. Quand il fut arrivé à Birck, ses anciens amis l'avertirent qu'il y alloit de sa vie s'il osoit prêcher Jésus-Christ dans le pays, et ils lui conseillèrent de pourvoir à sa sûreté par la suite. Mais, préparé qu'il étoit à tout souffrir pour la cause de son divin maître, il se présenta lui-même l'an 850 devant le roy Olaus, qui le reçut fort bien après ses présens et se trouva même au festin que le saint avoit préparé chez l'envoyé du roy de Danemarck. Le prince Olaus fit plus; il tint son parlement, confirma la mission d'Anscaire et lui accorda tout pouvoir d'exercer son ministère par toutte la Suède. Muni de ces pouvoirs, il alla à la tête des ouvriers évangéliques annoncer le royaume des cieux et prêcher la pénitence nécessaire pour y parvenir. Les peuples furent moins émus encore par ses discours que par les effets divers de sa charité et de son désintéressement, qui le faisoit travailler des mains durant la nuit comme saint Paul, tandis qu'il employoit les jours à prêcher afin de n'être à charge à personne.

Après avoir établi diverses églises en Suède et en Danemarck, et les avoir pourvues de bons ministres pour y continuer l'ouvrage du Seigneur, il se concentra dans son église de Brême, non pour y jouir du repos que son corps épuisé sembloit exiger après tant de travaux, mais pour joindre à l'inspection généralle des provinces du Nord, le soin particulier du troupeau qu'il avoit dans le diocèse de cette ville et dans celui de Hambourg. Il ne sépara jamais la mortification religieuse d'avec les fonctions pastorales. Il portoit un rude cilice jour et nuit; il ne se nourrissoit que de pain et d'eau et il ne se relâchoit de cette pratique que quand la charité l'y obligeoit. Il avoit un talent particulier pour la prédication ; il savoit y mêler judicieusement les véritéz qui consolent avec celles qui effrayent. Il étoit extrêmement compatissant et charitable envers les pauvres, rachetoit souvent des captifs, bâtissoit des hôpitaux, lavoit les pieds aux pauvres, leur donnoit à manger lui-même et ne prenoit ses repas, surtout dans le cours de ses visites ou de ses missions, qu'après les avoir servis. Il avoit un soin charitable des anachorètes qui se trouvoient dans son diocèse, et il mit dans sa cathédrale une communauté de religieux qui suivoient la règle de saint Benoist.

Lorsqu'il ne vit plus d'apparence à pouvoir se procurer la couronne du martyre, il crut devoir s'en prendre à ses propres péchéz[a]. Mais sa vie en avoit tout le mérite puisqu'elle avoit été accompagnée de souffrances continuelles. Il mourut le troisième ou quatrième jour de février 865 d'une dissenterie qui exerça sa patience et sa soumission à la volonté de Dieu pendant quatre mois. Il avoit alors 64 ans commencéz, dont il avoit passé 34 dans les fonctions de l'épiscopat. Lorsque ses plus importantes fonctions lui laissoient quelque loisir, ou il copioit des livres, ou il s'appliquoit à quelque autre petit ouvrage manuel en récitant des psaumes. On l'enterra dans la basilique de Saint-Pierre devant la chapelle de la Vierge. On l'avoit respecté comme un saint de son vivant, et il fut honoré d'un culte religieux peu de temps après sa mort. On ne tarda point à mettre son nom dans les martyrologes. Avant les révolutions du protestantisme, on célébroit sa fête le 3 février. On a de ses reliques à la vieille et à la nouvelle Corbie ; dans la première, on conserve un os du bras. Quelques protestans de Brême gardent aussy quelques portions de ses reliques[b].

Ses Écrits. — *La Vie de saint Willehad,* premier évêque de Brême, mort en 789 ou 791, est l'unique ouvrage qui existe ou au moins qui ait été imprimé[c]. Elle est divisée en deux livres, dont le premier contient la vie et l'autre les miracles du saint ; le second paroit avoir été composé quelques années après le premier et c'est le seul à la tête duquel se trouve le nom d'Anscaire. Au devant de ce second livre qu'il n'acheva qu'à la fin de sa vie, il a mis une préface qui est un des morceaux de littérature le mieux écrit qu'on ait dans ce siècle. L'ouvrage entier est écrit avec beaucoup de jugement, d'ordre, de méthode, et il règne partout une noble simplicité. On y voit le style d'un historien qui ne

a. Sa vie par S. Rembert.
b. *Act. SS. ord. ben.*
c. *Hist. litt. de la France,* t. 5.

cherche point à grossir ou embellir sa matière mais à rapporter les choses dans la bonne foy et avec candeur. Surius, qui publia le premier quelque partie de l'ouvrage sans nom d'auteur, a défiguré le style. En 1642, Philippe Cœsar le fit imprimer en entier dans son *Triapostolatus septentrionis* à Cologne, in-8°. Dom Mabillon y ajouta des notes et des observations de sa façon après avoir revu le texte sur un manuscrit de Corwei[a], et Mr Fabricius fit de nouveau imprimer cette vie en 1710 dans le second volume des mémoires pour l'histoire de Hambourg.

Il avoit fait une collection considérable de sentences choisies de l'Écriture et des Pères[b], et il les avoit écrites en notes de sa propre main dans de grands cahiers; il y en avoit sur toute sorte de sujets de piété. Il avoit formé de courtes prières de celles qui lui paraissoient les plus touchantes et les avoit mises à la fin de chaque psaume en forme d'effusion de cœur; il avoit donné à ces pièces le titre de *Pigmentum,* voulant faire entendre que c'étoit un fard mystique qui donnoit aux psaumes une nouvelle beauté. On en trouve encore quelques-unes dans d'anciens psautiers[c]. Crantz dit que c'étoit un petit sommaire de chaque psaume[2].

Nicolas Staphorst, au premier tome de son *Histoire ecclésiastique de Hambourg,* fait mention du missel de saint Anscaire, mais on ne dit point si ce fut le saint qui le dirigea lui-même ou s'il ne porta son nom que pour avoir été à son usage.

Dans sa dernière maladie, il fit faire un recueil de tous les privilèges accordéz par le saint siège en faveur des missions du Nord[d], et il en envoya des copies à presque tous les évêques et au roy de Germanie avec prière de conserver à la

a. *Act. SS.*, t. 4.
b. Id., t. 6.
c. Fleury, *Hist. eccl.* l. 50.
d. Mabil., *Act. SS.*

postérité ce recueil, qui s'est néanmoins perdu. Il ne reste que la lettre dont le saint l'avoit accompagné. Elle est très honorable à la mémoire de l'empereur Louis le Débonnaire et encore plus à celle d'Ebbon, archevêque de Reims à qui il rapporte tout le succèz des missions du Nord sans y faire la moindre mention de ses propres travaux, tant il étoit modeste et humble. On la trouve dans les annales de dom Mabillon, dans Bollandus et ailleurs.

Ses autres lettres ne sont pas venues jusqu'à nous*. Il en avoit cependant écrit aux évêques afin de les exhorter à veiller sur le troupeau confié à leurs soins; aux princes chrétiens, soit pour leur rendre compte du succèz de ses missions, soit pour les engager à les protéger; aux roys de Danemarck, à dessein de les rendre favorables à la propagation de la foy dans leurs États.

1. C'est à Fouilloy, près de Corbie, que ce saint naquit le 8 septembre 801; il mourut le 3 février 865. Voy. *Hag. du dioc. d'Am.*, I, 173-224.

2. Les *Anscharii pigmenta* ont été publiés à Hambourg en 1846 par M. Lappenberg, dit l'abbé J. Corblet.

SAINT HILDEMAN

Si la ville de Corbie ne l'a point vu naître[1], il fit du moins profession de la vie monastique dans l'abbaye de ce nom et il y fut élevé sous la discipline de l'abbé saint Adha-

* Mabil., *Act. SS.*

lard [a]. Hildeman porta durant sa vie la qualité de saint qu'on ne lui auroit peut-être pas donnée sans cela après sa mort.

Raimbert, évêque de Beauvais, étant mort, le mérite d'Hildeman l'éleva sur ce siège vers l'an 822 [b], sur le témoignage que son abbé rendit de lui à l'empereur Louis le Débonnaire. Il mena la vie d'un saint évêque dans son église, et il gouverna son troupeau avec la vigilance, le zèle et la charité d'un vrai pasteur; mais l'histoire ne nous a point détaillé ses vertus. La mort de saint Adhalard, arrivée en 826, le priva d'un grand secours pour ce qui regardoit la conduite particulière de sa conscience et celle de son diocèse, et lui fit perdre un grand appui à la cour. Hildeman assista ce saint abbé dans sa dernière maladie, lui donna l'extrême-onction, lui ferma les yeux et fit ses funérailles. Trois ans après, il assista au concile de Paris, et, depuis ce temps, il mena une vie paisible jusqu'aux troubles excités contre l'empereur par la révolte de ses enfans. Il fut alors soupçonné d'avoir voulu se retirer auprès du roy Lothaire, chef des rebelles. Quoyque ce soupçon ne fût fondé que sur la liaison qu'il entretenoit, comme il le devoit, avec les prélats de sa province, on l'arrêta et on le retint dans l'abbaye de Saint-Vast d'Arrás jusqu'au concile convoqué par l'empereur à Thionville l'an 835. Il eut la liberté de s'y présenter et il s'y justifia d'une manière qui satisfit pleinement le concile et l'empereur. Il fit plus, il se joignit aux prélats qui remirent l'empereur sur le trône et il ne fit aucune difficulté d'approuver la déposition d'Ebbon, son métropolitain, au rétablissement duquel il souscrivit néanmoins dès qu'il vit que la mort de Louis le Débonnaire et la nouvelle puissance de Lothaire lui avoient rendu la liberté. Il se trouva depuis à plusieurs autres conciles qui se tinrent pour les affaires de

a. Baillet, *Vies des SS.*
b. *Act. SS. ord. S[ti] Ben.*

l'Église et de l'État; mais, comme il ne paroît pas à celui de Beauvais l'an 845, on présume qu'il étoit mort dès le mois de décembre de l'année précédente; des titres fixent son décèz au onze de ce mois. Cependant, les martyrologes mettent sa fête au huit décembre et placent au 3 may l'invention de son corps, qui paroît n'avoir jamais été levé de terre. Il avoit été enterré dans l'église de l'abbaye de Saint-Lucien au fauxbourg de Beauvais. Il ne paroit pas avoir été mis au nombre des saints. Tout le culte qu'on lui rend se termine à mettre des cierges allumez sur son tombeau et à y répandre des fleurs le huit de décembre. L'église de Beauvais, qui est la plus intéressée à la conservation de sa mémoire, ne fait aucune mention de lui dans son bréviaire ni dans ses litanies[2].

1. Il paraît être né à Beauvais.
2. Voy. *Hag. du dioc. d'Am.*, III, 1-10.

HUGUES DE FOUILLOY

Hugues de Fouilloy, cardinal. V. Duchesne, *Histoire des cardinaux*, t. Ier, p. 130[1].

1. Le P. Daire a confondu Hugues, évêque d'Ostie, avec Hugues de Fouilloy; le premier, né de parents nobles que l'on croit du diocèse de Beauvais, embrassa l'institut de Cîteaux, fut fait abbé de Trois-Fontaines vers 1150, cardinal vers 1151 et évêque d'Ostie et Velletri; il mourut le 1er décembre 1158. (*Hist. littér. de la France*, XII, 572). Quant à Hugues de Fouilloy, il naquit dans le village de ce nom; il embrassa la profession religieuse dans le prieuré de Saint-Laurent de Heilly; il fut élu abbé de Saint-Denis à Reims en 1149, mais il refusa cette haute dignité; il accepta d'être prieur de Saint-Laurent de Heilly, charge qu'il paraît avoir abdiquée en 1173; il mourut vers 1174. (Voy *Hist. littér. de la France*, XIII, 492-507, notice de Brial, et *Nouvelle biographie universelle* de Firmin Didot, article de B. Hauréau.)

SAINT GÉRAULD

Saint Gerauld offre tout à la fois le portrait d'un grand saint et d'un supérieur accompli. Il naquit à Corbie vers l'an 1025. Ses parens, qui n'étoient pas inconnus dans le pays, le consacrèrent dès son enfance au service du Seigneur dans l'abbaye du lieu pour y être élevé dans la connoissance des lettres et les pratiques de la piété chrétienne. Il parut dans tout ce temps de cette vertueuse éducation exempt des foiblesses ordinaires à ceux de son âge, doux, modeste, porté de lui-même à tout le bien qu'on lui faisoit connoitre, s'étudiant avec beaucoup d'application à se former sur les modèles les plus parfaits qu'on lui présentoit[a]. Avec de telles dispositions, il fit de si grands progrèz qu'il devint lui-même le modèle des autres moines[b].

Foulques, devenu abbé de la maison, connut toutte l'étendue de son mérite et, après l'avoir reçu à la profession monastique, il le chargea, tout jeune qu'il étoit, du soin des affaires temporelles. Le monastère se trouvoit alors réduit en un triste état par le malheur des guerres, et avoit besoin d'un habile officier. Gérauld avoit toutes les qualitéz nécessaires; l'esprit, la vertu et la suffisance étoient encore secondéz par un entier détachement. Il s'acquitta de son employ avec une fidélité inviolable, sans rien relâcher de ses exercices spirituels. Il conserva la même assiduité à la prière, le même zèle pour l'abstinence et la mortification, la même vigilance

a. Baillet.
b. Mabil., *Act.*, t. 9.

sur soy-même, la même soumission à sa règle et à ses supérieurs, la même charité pour servir ceux du dedans et du dehors, la même humilité dans ses sentimens et dans toutte sa conduitte *. La manière dont il s'acquittoit de sa charge lui attira l'estime et l'affection de son abbé et de tous les religieux de la maison. Comme il avoit été obligé de travailler extraordinairement pour rétablir les affaires de l'abbaye, la fatigue qu'il se donnoit la nuit comme le jour, et l'épuisement où il se vit réduit pour n'avoir point voulu modérer ses jeûnes et ses austéritéz le rendirent malade d'une longue et violente douleur de tête dont il ne fut guéri que par miracle. La charité qu'il avoit toujours eue pour les pauvres lui suggéra même dans cet état d'infirmité un moyen nouveau pour les secourir. Il faisoit porter secrètement à ceux d'entre eux qui étoient malades les remèdes et les bouillons qui étoient préparéz pour lui. C'étoit visiblement s'exposer au danger dont on tâchoit de le garantir; mais, faisant peu de cas de l'art des médecins, et de toutte l'assistance des hommes, il ne mettoit sa confiance qu'en Dieu, aux ordres duquel il demeuroit soumis avec une résignation parfaitte; il étoit en effet dans la dernière extrémité et l'on désespéroit entièrement de sa vie lorsqu'il plut à Dieu de lui rendre la santé.

L'abbé Foulques ayant résolu de faire le voyage de Rome et ne pouvant se passer de lui, l'engagea à l'accompagner. Comme Gérauld n'étoit pas encore bien rétabli, son mal, qui l'avoit repris en chemin, parut augmenter; cela ne l'empêcha point de garder sa régularité ordinaire ni de visiter les lieux saints. Le pape Léon IX, qu'ils cherchoient, étant absent, ils furent obligéz de parcourir divers lieux d'Italie pour le joindre. En visitant le tombeau des Apôtres, notre saint demandoit à Dieu par leur intercession qu'il lui plût de lui

* Baillet.

conserver l'Esprit Saint avec la santé de l'âme. Il suivit son abbé au mont Gargan et, de là, au mont Cassin, tous lieux où il trouva de quoy satisfaire sa dévotion et de quoy se consoler dans ses maux.

De retour à Rome, le pontife romain les reçut gracieusement et les ordonna prêtres l'un et l'autre ; après quoy, ils revinrent à Corbie. Gérauld y fut établi sacristain ou gardien de l'église, employ qui convenoit mieux à son caractère que celui de célerier comme plus propre à satisfaire sa piété. Aussy s'y distingua-t-il encore plus que dans l'autre. Ce fut alors qu'il recouvra sa santé par l'intercession de saint Adhalard, dont il rendit le culte plus célèbre qu'il n'étoit auparavant. Dans la persuasion que sa reconnoissance envers Dieu exigeoit de lui qu'il fît encore le pèlerinage de Jérusalem, il en obtint la permission mais à condition qu'il reviendroit à Corbie.

Quelque temps après son retour, Regnier, son frère, abbé de Saint-Vincent de Laon, étant mort, il fut élu pour le remplacer. Ce ne fut qu'après une longue résistance qu'il se chargea de ce fardeau. Plus il en sentoit la pesanteur, plus il crut devoir de forces pour le soutenir. Mais il avoit affaire à des religieux relachéz, indociles, incapables de discipline, qui s'étoient faussement imaginés qu'il reconnoîtroit par une coupable indulgence l'honneur qu'ils croyoient lui avoir fait de le choisir pour leur supérieur. Il entreprit de les gagner d'abord par son humilité et sa douceur ; mais, voyant qu'au lieu de plier sous lui, ils ne s'étudioient qu'à le vaincre pour éluder les mesures qu'il avoit prises pour les réformer, il crut devoir les abandonner et il alla faire sa démission entre les mains de l'évêque de Laon, qui lui avoit conféré l'abbaye.

Se voyant libre et s'estimant trop heureux de pouvoir rentrer dans la condition d'une vie privée pour tâcher de travailler à sa sanctification dans le silence et l'obscurité, il alla se retirer dans le monastère de Saint-Médard de Soissons, où il vécut pendant quelques annéez sous la discipline de l'abbé S. Arnoul. On le choisit même pour le remplacer ; il ne paroît point néanmoins qu'il ait jamais gouverné en cette qualité, peut-être à cause de l'intrusion de Ponce, protégé par la reyne Berte. Gérauld, ennemy de tout trouble, céda à la violence des hommes ; il prit le parti de se retirer avec trois ou quatre frères du monastère qui ne voulurent pas le quitter, et il alla, sous les ordres de la Providence, chercher quelque solitude en un coin du royaume où il pût vivre dans un plus grand éloignement du monde. Après avoir été faire ses dévotions à Saint-Denys en France, à Sainte-Croix d'Orléans et à Saint-Martin de Tours, il passa la Loire et entra dans le Poitou à la persuasion de quelques personnes du pays qu'il avoit rencontrées à leur retour de Rome et qui, ayant sçu son dessein, lui promirent toutte l'assistance possible pour en faciliter l'exécution. Ils le présentèrent avec ses compagnons à Guillaume VIII, comte de Poitiers et duc d'Aquitaine, sous les auspices duquel il fonda la célèbre abbaye de la Sauve-Majeure l'an 1080 dans un bois du diocèse de Bourdeaux. Gerauld y établit la règle de St-Benoît. Les roys et les autres souverains qui fondoient des monastères dans leurs états se faisoient un mérite de les peupler de moines forméz sous la discipline du saint abbé. Le bruit de sa sainteté et de ses miracles y attiroit une infinité de peuples qu'il prenoit soin d'instruire avec d'autant plus de fruit qu'il avoit éminemment le don de la parole. Ses instructions produisoient un tel effet que ces peuples, de féroces et grossiers qu'ils étoient auparavant, devinrent humains et civiliséz et se portèrent aux pratiques de la religion jusqu'à aimer la pénitence.

Après avoir vécu dans les exercices continuels de la charité chrétienne et après tant de travaux soutenus pour la gloire de Dieu, il mourut le 5 avril de l'année 1095 âgé de soixante-quinze ans ou environ. Il fut enterré dans l'église de son monastère. Sa mort pénétra de douleur ses disciples et les gens du voisinage qui ne pouvoient se consoler d'avoir perdu celui qu'ils regardoient comme leur docteur, la lumière et la gloire de leur pays. Le don des miracles qu'il eut pendant sa vie, il continua de l'avoir après sa mort. Le pape Célestin III le canonisa l'an 1197 et en publia la bulle le 27 d'avril après que les informations juridiques en eussent été faittes par Gautier de Coutance, archevêque de Rouen, et Rotrou, évêque de Châlons-sur-Marne. Ces prélats choisirent pour le jour de sa fête le 13 d'octobre, qui étoit celui de sa translation faitte vers l'an 1135[a]. Étienne, évêque de Tournay, composa son office pour le jour de sa mort; on en composa aussi un pour la fête de sa translation; on les a changéz depuis par une nouvelle translation; sa tête a été séparée pour être mise à part en un buste d'argent. Deux moines de la Sauve-Majeure ont écrit son histoire. Baudri, abbé de Bourgueil, contemporain et amy de notre saint, lui a composé cinq épitaphes dont on ne rapportera que celle-cy, où Géraud paroit avoir été abbé de Salve-Majeure après avoir été exilé par la reyne, étant abbé de Saint-Médard de Soissons[b]. Il assista au sacre de Philippe I.

Silvæ Majoris jacet hîc sanctissimus abbas,
Abbatum splendor, et monachile decus.
Hic sylvas coluit, christoque novalia fecit,
Ut saliunca rosam, poma salix generet.
Iste locus primum silvestris et effera tellus,
Ipsius exemplis est modo porta poli.
Vir cani capitis, vir perfectæ probitatis,
Cælorum civis dormit hic in Domino.
Plebs Aquitana patris corpus complectere tanti,
Qui tibi vivit adhuc relligionis odor.
Gallia congaude Geraldo, quem genuisti,
Ac cineres sanctos hîc venerare suos.

a. Baillet.
b. Du Boulay, *Hist. de l'univ.*

SES ÉCRITS. — *La vie de saint Adhalard de Corbie, mort en 826**. C'est le tribut de sa reconnoissance envers ce saint par l'intercession duquel il avoit été guéri, comme on l'a dit, d'une longue et fâcheuse maladie. Il la composa sur celle qu'avoit écritte auparavant Pascase Ratbert, et ne fit que la réduire en un juste abrégé. Il la dégagea de tous ses ornemens étrangers et autres superfluitéz de style et la conforma aux justes règles de l'histoire. Il y a même corrigé quelques anachronismes dans lesquels étoit tombé l'écrivain de saint Vite. Il composa cet ouvrage vers l'an 1054. Cette vie, divisée en deux livres, fut d'abord publiée par les Bollandistes au second jour de janvier, puis par le père Mabillon.

Le plus ancien historien de la vie de notre pieux abbé lui attribue un *Poème sur la vie de saint Adhelard ;* ce poème pourroit bien être l'églogue ou pastorale en vers héroïques que dom Mabillon a fait imprimer à la suite de sa vie de S. Pascase Ratbert. Dans ce poème allégorique, l'auteur introduit l'abbaye de Corbie et celle de Corwei sous le nom de Galathée et de Phibis qui pleurent la mort de S. Adelhard. L'invention en est assez ingénieuse, mais les vers sont rudes, sans élévation ni autre beauté.

Le même écrivain ajoute qu'il composa aussi pour l'office de S. Adhelard des *antiennes et des repons* qui contribuèrent à donner plus de lustre et d'éclat à la fête du même saint. Il ne nous en reste rien.

Il a encore recueilli les *Miracles que Dieu avoit opéréz par l'invocation de saint Adhelard* et dont on avoit négligé de conserver la mémoire à la postérité ; il y travailla étant encore jeune et en composa une relation divisée en huit chapitres qui contiennent autant de miracles. L'auteur la fait précéder d'une préface. Cet écrit a paru dans les Bollandistes

* *Hist. litt. de la France*, t. 8.

au second jour de janvier et dans le recueil de dom Mabillon. Au cinquième chapitre, Gérauld parlant du pape Jean XIX le qualifie de vicaire de saint Pierre.

Il fit des *Statuts en faveur de Sanche roy d'Aragon et de Navarre*, et *de Guillaume comte de Poitiers et duc d'Aquitaine* par reconnaissance des bienfaits que sa maison avoit reçus de la libéralité de ces princes. Dom Mabillon les a imprimez en partie, mais ils sont en entier dans le cartulaire de la Sauve-Majeure.

Par un autre *Statut*, il prescrit les prières et les aumônes qu'il vouloit qu'on fît à la mort de chaque moine de la Sauve-Majeure et des autres monastères associéz à cette abbaye. Il entre dans le détail de ces associations qui s'étoient fort multipliéez dès son vivant, et qui se multiplièrent encore davantage après sa mort. Dom Mabillon en a donné le commencement ; dom Martène et dom Durand l'ont publié depuis dans toutte son étendue.

Il y a encore de lui deux courtes *Relations* fort bien écrittes ; dans l'une, il apprend à la postérité de quelle manière se termina le différend mû entre la Sauve-Majeure et le monastère de Maillefais au sujet de l'emplacement de cette abbaye, que Maillefais s'efforçoit de revendiquer ; la seconde contient le détail abrégé de la fondation de la Sauve-Majeure. L'auteur y a laissé sur la fin des traits bien édifians de son humilité. La première relation n'a point de datte, mais celle-cy est dattée du cinquième d'octobre 1080 et fut attestée par deux légats du Saint-Siège, Goscelin, archevêque de Bourdeaux, deux autres métropolitains avec plusieurs évêques et abbéz, qui tenoient alors un concile à Bourdeaux[1].

1. L'abbé J. Corblet a consacré une assez longue notice à S. Géraud dans son *Hagiographie du diocèse d'Amiens* (II, 446-487) ; voy. aussi *Hist. littér. de la France*, VIII, 407-413.

GUALDON

Gualdon, moine de Corbie, vivoit en 1047. On ne le connoît que par ses écrits. Il a traduit en vers latins la vie de S. Anschaire, composée par Raimbert. C'est une espèce de poème dédié à Adalbert, évêque de Brême. On l'a imprimé à Strasbourg chez Philippe César l'an 1642, et dom Luc d'Achery le fit reparoître dix ans après chez Pierre Lambecius. *(Act. SS. ordin. S^{ti} Bened, t. 6)*. V. de Longchamps, *Tableau des gens de lettres*, t. 4, pp. 400-409 [1].

1. Voy. *Hist. litt. de la France*, VII, 428-429.

SAINT GÉRARD

Saint Gerard de Corbie [1], de Longchamps, *Tableau des gens de lettres*, t. 4, p. 449.

1. Ce saint est le même que S. Gérauld dont il a été question plus haut.

ANONYME

Anonyme, moine de Corbie. Instruit par un Hibernois nommé Macaire, il appuia les sentimens de son maître et publia un écrit pour prouver que tous les hommes n'ont qu'une seule et même âme. Ratramne réfuta ce sentiment, d'abord par une simple lettre, et ensuite par un ouvrage très vif, lorsqu'il vit que l'auteur opiniâtre ne se rendoit point à la force de ses raisons. *(Hist. litt. de la France,* t. 4, p. 259. On peut y voir nombre d'autres écrivains dont les noms sont inconnus et qui, bien qu'élevéz et instruits dans cette abbaye célèbre, n'ont point pris naissance dans le diocèse qui nous occupe.)

NEVELON

Nevelon, en qui l'on voit le modèle accompli d'un excellent moine, s'est fait connoître à la postérité par sa vertu et ses travaux littéraires*. Il avoit un si grand éloignement pour tout ce qui ressent les marques de distinction qu'il ne voulut jamais souffrir qu'on lui donnât d'autre qualification que celle de frère. Ce caractère d'humilité le tint toujours

* *Hist. litt. de la France,* t. 8.

éloigné de toutte charge du cloître et de toutte dignité ecclésiastique[1].

Dès sa première jeunesse, il fut élevé au monastère de Corbie. Il fit aussi dans la suite quelque résidence à l'abbaye de Saint-Germain d'Auxerre, soit à dessein de perfectionner ses études ou autrement; on en juge ainsy en voyant dans ses écrits les traits de sa tendre piété pour ce saint évêque et de son respectueux attachement pour son église avec son attention à faire connoître les saints qu'on y honnoroit alors. Sa principalle occupation après l'office divin étoit de copier les bons livres et d'en composer quelques-uns de sa façon. Plusieurs de ces beaux manuscrits, qui sont sortis de Corbie, étoient de sa main, et il avoit l'attention d'y mettre son nom. Il florissoit à Corbie sous l'abbé Foulques le Grand, mort en décembre 1096, mais il le survécut de quelques annéez comme on l'a vu par les deux vers qu'il fit à sa mémoire*. C'étoit un mortel pieux, humble, zélé pour la régularité. Dom Mabillon faisoit tant de cas de sa vertu qu'il baisoit ses ouvrages avec tendresse et le nommoit son cher Nevelon.

Ses écrits. — Le seul ouvrage qu'on connoît, c'est son *Martyrologe* ou *Necrologe*. Ce n'est pour le fonds, à proprement parler, qu'un abrégé de martyrologe d'Adon. Après y avoir marqué à leurs jours les saints dont l'Église célèbre la mémoire dans le cours de l'année, il y fait aussy mention, suivant l'ordre des jours, de divers autres saints, surtout de ceux du diocèse d'Amiens et de ceux dont les reliques reposent dans l'église de Saint-Germain d'Auxerre. Il a porté l'attention à l'égard de ceux-ci jusqu'à marquer leurs fêtes et à écrire la pompe ou solemnité avec laquelle on les y célébroit.

Sa dévotion envers les saints l'ayant engagé à leur consa-

* *Act. SS. ord. S^ti Bened.*

crer la partie qui les concerne, sa reconnoissance envers les amis de son monastère l'a porté à leur y donner aussy une place honorable de façon qu'il rappelle la mémoire des abbéz, des moines, des fondateurs, des bienfaiteurs, des évêques, des clercs, des seigneurs laïcs qui ont fait quelque bien ou qui, sous quelque titre que ce puisse être, ont été en liaison avec la maison de Corbie. Il n'y a pas non plus oublié les abbéz de Saint-Germain d'Auxerre; on conserve à Corbie l'original de son ouvrage, qu'il commença, à ce qu'on croit, en 1089. On y voit en tête une miniature dans le goût de ce temps-là, qui annonce le dessein qu'avoit l'auteur de le dédier à S. Pierre, patron titulaire de l'abbaye de Corbie. Ce prince des Apôtres y est représenté assis dans une chaire, des clefs en une main et l'autre étendue. Au bas est l'humble Nevelon dans son habit monastique, la tête découverte et présentant son livre à S. Pierre avec une profonde vénération. Dans la préface, il souhaite que le fruit de son travail puisse être un motif auprès du saint Apôtre et de tous les amis de Dieu pour lui obtenir le pardon de ses péchéz, et qu'en même temps son exemple en porte d'autres à travailler suivant leur pouvoir, pour l'ornement et le bien en général de l'église de Corbie. Dom Mabillon en a seulement fait entrer dans ses *Annales* quelques traits historiques. Du Cange cite dans son *Glossaire* un Ms. de la bibliothèque de Saint-Germain-des-Préz, cotté 394 avec ce titre : *Nivelonis Corbeiensis monachi varia patrum loca;* l'écrivain avoit fait pour son usage ce recueil d'endroits choisis des saints Pères.

1. Cette courte notice du P. Daire est la reproduction littérale du commencement de celle que lui ont consacrée les auteurs de l'*Histoire littéraire de la France,* (VIII, 590). La Bibliothèque nationale possède plusieurs mss. écrits par Nevelon qui, suivant une conjecture de dom Grenier, rapportée par M. Léopold Delisle *(le Cabinet des manuscrits à la Bibliothèque nationale,* II, 119), est mort pendant l'administration de l'abbé Robert (1123-1142). Voy. sur

ce moine copiste, Ceillier, *Histoire des auteurs ecclésiastiques,* (XXI, 144-145); Fabricius, *Bibliotheca latina mediæ et infimæ ætatis,* Hambourg 1734-1736, (V, 300); Jean Lebeuf, *Mémoires concernant l'histoire ecclésiastique et civile d'Auxerre,* Paris, 1743, II, 526-527.

ALERAN OU HALERAN

Aleran ou Haleran, neveu de S. Gérauld, naquit ainsi que son oncle à Corbie. Après avoir pris l'habit monastique dans l'abbaye de Saint-Vincent de Laon, il le suivit à Sylve ou Seauve-Major. Connu bientôt par ses bonnes qualitéz, il en fut élu abbé l'an 1102, et ce supérieur respectable par l'intégrité de ses mœurs, y mourut le 11 des kalendes d'avril 1107. Son corps repose dans le chapitre[1].

1. Cf. CORBLET, *Hag. du dioc. d'Am.,* II, 458-460.

HUGUES DE FOLIET

Hugues de Foliet prit naissance au village de Fouilloy *(Folietum, Folleium* en latin), d'où lui vint son surnom. Il fit profession de la règle de St-Benoît à Corbie, et non à Cordoue comme plusieurs écrivains l'ont faussement avancé. Il y étoit connu avantageusement. Jamais il ne fut revêtu de la pourpre romaine, et ceux qui l'ont avancé ne sont d'accord ni sur le temps de sa promotion au cardinalat ni sur le nom de son titre. Il a été simplement prieur de Saint-Laurent près le village d'Heilly. Tritheme le représente comme un homme d'esprit, savant dans l'Écriture sainte, plein des écrits des anciens; son style passoit pour éloquent, aisé, léger, et il étoit aussi respectable par sa piété que par sa doctrine.

Son ouvrage le plus considérable, le plus utile pour les religieux est intitulé : *Institutiones monasticæ de claustro animæ*. On l'a imprimé parmi les œuvres de Hugues de Saint-Victor. Il est divisé en quatre livres. Le premier traite du cloître matériel. On y voit qu'il est de la prudence de bien établir les fondemens quand on commence à bâtir; qu'on ne sauroit trop se mettre sur ses gardes pour éviter les embûches du démon qui cherche à nous surprendre par les plus belles promesses et par l'appas des plaisirs du siècle. On y fait connoître les quatre causes des tentations qu'il faut fuir parce qu'elles corrompent l'esprit; on y démontre que l'état religieux est une ressource pour les pauvres; comme tout y abonde, les gens d'une condition médiocre y trouvent ce qui leur suffit, et les riches même n'y sont point déplacéz; en effet, la religion fournit tout aux infirmes; elle compatit aux foiblesses des tempérammens délicats, n'exige rien de trop des plus robustes; elle a pitié des pécheurs; sévère pour les incorrigibles et les pervertis, elle n'a que des douceurs pour les bons. Dans le cloître, on doit recevoir un certain nombre de frères et avoir pour eux des égards, des bontéz. Le monastère, d'une structure simple, sera détaché des habitations des séculiers. Après avoir fixé dans cette seconde partie ce que les moines peuvent posséder, l'auteur parle de la nourriture, des habits, du travail des mains, des devoirs des supérieurs, des abus occasionnéz par leur négligence, du défaut d'obéissance dans les inférieurs, de l'oisiveté des jeunes gens, de l'entêtement des vieillards, de la dissipation, de la recherche dans les vêtemens et dans les repas, des murmures dans le chapitre, des airs peu recueillis dans l'église et de l'irrévérence pour les saints autels. La 3e partie regarde la contemplation, véritable cloître de l'âme; les quatre cotéz de ce cloître : le mépris de soy-même, celui du monde, l'amour de Dieu et celui du prochain. De ces quatre côtéz, l'écrivain fait sortir douze colomnes qui sont autant de vertus poséez avec beaucoup d'imagination, chacune sur leur base. Il prouve que l'âme doit aimer l'hospitalité et méditer sur les saintes Écritures; après avoir fait connoitre ce que c'est que le réfectoire, le dortoir et l'oratoire de l'âme, il s'étend sur le temple de Salomon. La ville de Jérusalem, la Jérusalem céleste, ceux qui l'édifient ou la détruisent, le livre de vie, le cloître céleste, les anges, les saints, la résurrection font la matière de la dernière partie.

Ses autres productions, dont les unes ont été attribuéez à Hugues de Saint-Victor, et les autres à S. Augustin, ont pour titres : *De disciplinâ monachorum, lib. I; — Denotatio quindecim graduum : — De duodecim pàtriarchis lib. I; — Passerum lib. 2;* ils sont adresséz au nommé Rainier; — *Libellibus ad amicum volentem uxorem ducere, seu de fugà matrimonii; — De duodecim abusionibus claustri materialis; — De claustro corporis et animæ, libri quatuòr; — Liber pastorum; — Speculum peccatoris; — De medicinà animæ, lib. I;* ce livre concerne la guérison de l'âme et du corps; il applique à l'âme dans 22 chapitres ce qui regarde les différens tempérammens, les saisons, les élémens, les humeurs, les maladies; il se proposoit de donner les remèdes pour guérir touttes les maladies de l'âme, mais la mort l'empêcha d'exécuter ce projet. *Liber de tribus columbis et de aliis avibus;* il y enseigna la méthode certaine de juger d'un sujet qui devient homme de probité de pervers qu'il étoit [1].

1. Hugues de Fouilloy, chanoine régulier, élu abbé de Saint-Denis de Reims en 1149, puis prieur de Saint-Laurent d'Heilly, est mort vers 1174. Cf. *Hist. littér. de la France,* XIII, 492-507; 492-507; *Bibl. des auteurs ecclésiastiques,* XII, 611; *Bibliotheca mediæ ætatis,* III, 862-864; *Nouvelle biographie générale;* MABILLON, *Annal. Ben.*, LXXIX, 457-462; OUDIN, *Scrip. eccles.*, II, 1107-1111; *Patrol. lat.; Dict. patrol., etc.*

ÉVRARD DE FOUILLOY

Évrard de Fouilloy, sans doute d'une ancienne famille de ce nom, proche Corbie, étoit, à ce qu'on prétend, préchantre de l'église d'Amiens lorsqu'il en fut élu évêque l'an 1211. Il se trouva en 1215 en cette qualité au quatrième concile général de Latran. Il eut en 1216 des différens avec son chapitre au sujet des droits de l'excommunication, mais le pape arrêta les procédures et pacifia les choses. Deux ans après, il consacra l'église de l'abbaye d'Anchin et, l'an 1219, il fit un réglement pour l'office divin. Ce prélat étoit beaucoup considéré des souverains pontifes. Le pape Innocent III donna une bulle en sa faveur, et c'est à lui qu'Honorius III adressa le chapitre *Ex litteris, de vità et honestate clericorum*. Après avoir fait des biens considérables à son église, dont il jetta les fondemens, il alla recevoir la récompense de ses travaux au mois de décembre 1223. Il repose au milieu de la nef de l'église cathédrale, proche le grand portail. On y voit sa représentation en cuivre relevée en bosse, sur une lame de même, soutenue de six lionceaux; on lit cette épitaphe sur la bordure :

Qui populum pavit, qui fundamenta locavit
Hujus structuræ, cujus fuit urbs data curæ,
Hic redolens nardus fama requiescit Evrardus,
Vir pius afflictis, viduæ tutela, relictis
Custos, quos poterat recreabat munere, verbis,
Mitibus agnus erat, timidis leo, lima superbis [1].

1. Pour la biographie de ce prélat, voir *Notices sur les évêques d'Amiens* par Edmond Soyez, pp. 71 et suiv. (Amiens, Langlois, 1878. In-8°); J. Corblet, *Revue de l'art. chrétien,* XIV (1870-71), 537-542.

PAISANT DE MEZIÈRES

Paisant de Mézières, poète françois, ainsi surnommé du lieu de sa naissance, est l'auteur du *Roman de la mule sans frein*[1].

1. Sur ce trouvère picard vivant au XIIe siècle, voir surtout *Hist. litt. de la France,* XIX, 722-729 ; DINAUX, *Trouvères,* IV, 581-586 ; LA CROIX DU MAINE, *Bibl. franç.,* II, 215.

PIERRE DE CORBIE

Pierre de Corbie composa des poésies françoises avant 1300[1]. (V. Poésies mss. avant 1300, t. 3, p. 1064. Bibl. du roy.)

1. Pour cet autre chansonnier qui vivait au XIIIe siècle, voir aussi *Hist. litt. de la France,* XXIII, 680-682 ; FÉTIS, *Biographie des Musiciens,* VII, 54).

VIELLARS DE CORBIE

Le nom de Viellars signifie la même chose que Vielleur. La ville de Corbie a vu naître cet ancien poète françois connu par plusieurs chansons [a], dans une desquelles il se plaint d'avoir osé embrasser sa dame malgré elle. Il vivoit avant 1300 [1].

1. Voy. sur ce trouvère picard du XIIIe siècle, *Hist. litt. de la France,* XXIII, 806.

SAINTE COLETTE

Sainte Colette, née à Corbie le 13 janvier 1381, fut baptisée sous le nom de Colette, c'est-à-dire pettite Nicole, en patois du païs et à cause de la dévotion que ses parens avoient à S. Nicolas [b]. Robert Baillet, son père, charpentier de profession, l'eut de Marguerite Moyon, sa femme, alors presque sexagénaire. Les semences de vertus qu'on découvrit dans cet enfant fortifièrent beaucoup l'opinion qu'on avoit conçue de sa sainteté future. A peine à l'âge de la raison,

a. La Croix du Maine, p. 470.
b. Baillet, *V. des SS.*

elle fit profession d'une chasteté exacte et scrupuleuse. La nature lui avoit départi les agrémens du corps ; elle en fit un sacrifice au Seigneur, à qui son tendre cœur s'étoit consacré. Plus on faisoit l'éloge de sa beauté, plus elle s'occupoit à la détruire par toutte sorte de mortification, et elle y réussit trop bien. En peu de temps, la vivacité de son teint et la délicatesse de ses traits furent tellement effacéz qu'elle demeura pâle, maigre et toutte défaite pendant le reste de sa vie. La prière, la charité envers les pauvres et les malades, la lecture assidue de l'Écriture sainte, tels étoient ses principaux exercices. L'esprit saint qui réside dans les livres sacréz fut lui-même son interprète. Elle y puisoit les lumières dont elle avoit besoin pour les conférences spirituelles qu'elle faisoit à des femmes et à des filles qu'elle assembloit. Ses pieux discours produisirent partout de merveilleux effets. Les habitans de Corbie, frappéz de l'éclat de ses vertus, admiroient la régularité de sa conduite. A leur poursuite et aux instances de Colette, l'abbé, de l'agrément de sa communauté, lui donna une portion de terrain sur lequel il lui fit construire une petitte retraite affin de seconder le dessein qu'elle avoit d'y vivre en recluse. Elle s'y retira à l'âge de vingt-deux ans. Peu contente de déchirer son corps à coups de verges et de discipline, elle le couvroit d'un rude cilice, le chargeoit de chaînes de fer qui lui entamoient souvent la peau, couchoit sur la dure et n'avoit qu'une pierre pour oreiller. Ses veilles étoient longues, ses jeûnes continuels. Elle s'accoutumoit enfin à vivre comme si elle eût été sans corps.

La foiblesse de son sexe ne lui permettant point de se retirer dans la solitude des bois*, elle vécut en solitaire dans sa cellule, s'occupant uniquement du soin de son salut. Sa conversation ne respiroit que le ciel. Sa raison étoit

* Surius.

tellement maîtresse de ses sens qu'on eût dit qu'elle n'en avoit pas. Ses parens étoient étonnéz de sa vie pénitente et trop pieux pour ne pas en rendre grâces à Dieu.

Après la mort de ses père et mère, elle distribua ses biens aux pauvres et, ainsi dégagée de ce qui la retenoit dans le monde, elle se retira dans une maison de béguines, d'où le relâchement qu'elle y remarqua la fit sortir au bout de quelque temps. De là, elle se rendit chez les Urbanistes, où elle ne trouva pas plus ce qu'elle cherchoit que dans quelques maisons de Bénédictines où elle passa successivement. Le Ciel, qui la réservoit à de plus grandes choses, la destinoit à être la réformatrice des religieuses Clarisses.

En 1406, l'évêque d'Amiens, Jean de Boissy, que le légat en France avoit chargé de faire des informations pour constater les miracles de notre recluse, la dispensa du vœu de clôture affin qu'elle pût vacquer au dehors aux œuvres de la charité chrétienne. Accompagnée de Henri de la Baume, son confesseur, elle se rendit la même année à Rome, où elle obtint du pape une bulle qui lui permettoit de travailler à cette réforme*. Le Saint-Père, en outre, lui donna le voile et le titre de mère abbesse et supérieure générale de touttes les maisons religieuses de l'ordre de St-François qui embrasseroient cette réforme. Le général de l'ordre, attaché à Benoît XIII, la revêtit de tous les pouvoirs nécessaires. De retour à Corbie avec la résolution de suivre les ordres du ciel, elle prit l'habit du tiers ordre par le conseil de Jean Pinet, gardien des Cordeliers de Hesdin, et, du fond de sa cellule, elle fit signifier le bref apostolique qui lui permettoit de prendre des monastères, principalement dans les diocèses de Paris, de Beauvais, de Noyon et d'Amiens. Non content de s'y opposer, on la traita de visionnaire, et cette contradiction la fit partir pour la Savoie avec des lettres de recommandation de son direc-

* Vadingue. [Luc. Waddingus, *Annales Minorum, seu historia trium ordinum a S. Francisco institutorum.* 2e éd. Rome, 1731-1747, 22 vol. in-fol.]

teur auprès de son frère, gentilhomme de ce pays. Celui-cy, conjointement avec sa famille et ses amis, la servit si bien que la réformation prit racine dans ce païs. En peu de mois, l'on vit un grand nombre de filles de toutte condition se ranger sous sa règle, et beaucoup de maisons du tiers ordre embrassèrent cette nouvelle discipline. La réforme passa bientôt en Bourgogne, en France, en Allemagne et aux Païs-Bas. Elle institua de son vivant dix-huit couvents de filles si florissans par la pauvreté évangélique que cette vertu mérita à ces religieuses le surnom de pauvres Clarisses pour les distinguer des Urbanistes. Marie de Berry, fondatrice de l'abbaye de Sainte-Claire d'Aigues, Perches, diocèse de Clermont, appella Colette pour en être la première abbesse. La réforme fut encore portée au-delà du Rhin, des Alpes et des Pyrennéez au moins après sa mort, sans compter les anciens monastères de son sexe qu'elle changea, et quelques-uns d'hommes, qui voulurent bien se réformer sur le plan qu'elle leur donna. Tels sont les Récollets, c'est-à-dire les réunis ou rejoints de la sœur Colette.

On peut juger combien tant d'établissemens lui coûtèrent de peines, mais, comme elle comptoit beaucoup plus sur le Ciel d'où lui venoit toutte sa force que sur les secours de la terre, elle vint heureusement à bout de tous ses projets. Jamais elle n'a cessé de remplir sa place d'abbesse avec la dernière exactitude et la même crainte que si elle eût toujours été devant son souverain juge. Partout, elle prenoit la dernière place. Souvent, quand elle se croioit seule, on la trouvoit à genoux ou couchée sur la terre qu'elle baignoit de ses larmes. De leur côté, les pauvres avoient toujours en elle une mère charitable. En un mot, elle n'oublioit rien de tout ce que son industrieuse piété pouvoit inventer pour lui faire mortifier tous ses sens. En toutte saison, elle portoit un habit vil et simple. Malade ou non, elle alloit toujours pieds et jambes nuds. Elle proscrivit les édifices somptueux, jeûna pendant quarante jours à l'exemple du Sauveur, passa plusieurs fois tout le carême avec du pain et de l'eau et, depuis le dimanche des Rameaux jusqu'au jeudi saint, elle ne prenoit rien. Douée du don de prophétie, elle annonça le jour et l'heure de la mort du pape Martin V, le schisme qui suivit et la scission du concile de Bâle.

En 1444, elle vint à Amiens, où elle assista, le 26 janvier, à la bénédiction des lieux réguliers du couvent des Clarisses, ainsi qu'à la consécration de l'église par l'évêque le 25 avril. En 1445, le 26 janvier, elle y introduisit vingt-quatre religieuses arrivéez de Flandre deux ans auparavant, et elle mit à leur tête Jeanne de Bourbon, princesse de France. Pour directeurs, elle ne choisissoit que des hommes d'une piété fervente et d'un savoir profond. Le sien avoit fait un recueil des actions frappantes de notre réformatrice dans le dessein de perpétuer le souvenir de ses vertus. Cette fille, aussi modeste que vertueuse, lui en fit des reproches, voulut l'avoir et le mit au feu. Le bienheureux Bassand, premier prieur des Célestins d'Amiens, dirigea sa conscience pendant quelque temps*, et, charmé de sa piété solide et constante, il composa un livre ascétique sur lequel elle se régloit. Saint Vincent Ferrier estimoit tant la sainteté de la vie de Colette qu'il vint d'Espagne en France pour jouir du plaisir de la voir.

Elle mourut dans le monastère de Betthem de Gand, maison de son institut, le 6 mars 1447, à l'âge de soixante-six ans et cinquante-deux jours, après avoir beaucoup souffert de la foiblesse de son tempéramment et de sa maladie. Après avoir annoncé son dernier jour, elle avoit appellé ses sœurs, à qui elle fit un discours sur la perfection monastique. Le 26 février, elle se confessa et reçut le viatique. Six jours après, elle se mit sur la tête le voile noir qu'elle avoit reçu du pape à sa profession. Au bruit de sa mort, la multitude accourut et son corps ne fut inhumé que trois jours après. On lui

* Becquet, *Hist. Célest.*

attribue des miracles. Au bout de vingt-cinq ans, Charles le Hardi, duc de Bourgogne, envoia en 1472 des ambassadeurs au pape Sixte IV pour demander sa canonisation. Le souverain pontife marqua ses bons désirs envers cette humble servante de Dieu; mais, comme il y avoit trop peu de temps qu'elle étoit morte, il se contenta de la déclarer de vive voix bienheureuse et sainte. On leva le corps de terre l'an 1491, et l'on procéda à la canonisation sous les papes Alexandre VI et Jules II. Clément VIII permit aux Clarisses de Gand de solemniser sa fête le 6 may avec la messe et l'office des vierges. Paul V étendit cette permission l'an 1610 à touttes les maisons de la réforme dans les Païs-Bas. Grégoire XV alla encore plus loin en 1622, et Urbain VIII permit à tout l'ordre de Saint-François et à tous les François de célébrer sa mémoire. Plusieurs auteurs ont écrit sa vie[1].

1. Le procès de canonisation, commencé dès 1471, ne fut terminé qu'en 1807. — Parmi les nombreux ouvrages publiés sur sainte Colette, nous citerons les suivants : [Collet Pierre], *Histoire abrégée de la bienheureuse Colette Boellet, réformatrice de l'ordre de sainte Claire...,* mis au jour par M. l'abbé de Montis; Paris, 1771, in-12; — l'abbé J. Corblet, *Hagiographie du diocèse d'Amiens,* I, 357-544; — l'abbé Douillet, *sainte Colette, sa vie, ses œuvres, son culte, son influence...;* Paris, 1869, in-12; — le même, *les Gloires de Corbie;* Amiens, 1890, in-8° (pp. 199-264); — l'abbé Ed. Jumel *Vie de sainte Colette...,* Tournai, 1868, in-12; — Flam. Mar. Annib. de Latera, *Vita delle virgine S. Coleta..;* Roma, 1807, in-4°; — Hubert Lebon, *Vie de sainte Colette;* Tours, 1846, in-32; — Siméon Luce, *Jeanne d'Arc à Domremy...;* Paris, 1886, in-8° (pp. CCLXIV-CCLXXXVII); — Noailles, *Vie de sainte Colette;* Avignon, 1857, in-18; — D. Michel Motel, *la Vie de Saincte Colette..., tirée et traduicte nouvellement de Laurent Surius;* Mons, 1594, in-8°; — Coletta Raes, *Vita della gran serva di Dio Cª Coletta;* Fuligno, 1703, in-12; — R. P. Sellier, *Vie de sainte Colette...;* Amiens, 1853-55, 2 in-12; — [Claude Silvère, d'Abbeville], *Histoire chronologique de la bienheureuse Colette...;* Paris, 1619, in-12; — *Vie de sainte Colette;* Lyon, 1835, in-18.

SIMON DE CORBIE

Simon de Corbie, ainsi nommé du lieu de sa naissance, embrassa l'état religieux et se distingua dans l'ordre des Carmes. Après avoir pris le bonnet de docteur en théologie dans l'université de Paris, il devint successivement prieur, provincial de la province de France, et, l'an 1319, il fut établi vicaire général en France. Il eut beaucoup d'autorité et n'en abusa jamais. Sa probité, son génie et son érudition l'ont rendu célèbre. On a de sa plume un livre de sermons latins et des gloses dans la même langue sur l'un et l'autre testament. (Bibl. carm., t. 2, p. 744)[1].

1. Cf. *Biblioteca mediæ ætatis,* VI, 529 ; *Bib. Carmel.,* II, 744.

GILLES et JACQUES DE MÉZIÈRES

Giles de Mézières, recteur de l'Université le 23 juin 1516.
Jacques de Mézières, recteur de l'Université le 23 juin 1523.

GILLES et ROBERT DE CORBIE

C'est mal à propos que l'auteur des *Recherches sur les origines de la chirurgie* appelle le premier de ces deux savans Gilles de Corbeil ; il étudioit et régentoit de même que Robert dans l'université de Paris* au commencement du quatorzième siècle. Ils étoient maitres èz-arts de la nation de Picardie et de la tribu d'Amiens l'an 1330. Cette année, ils furent les auteurs du statut qui se fit au sujet du payement d'une bourse particulière pour la célébration de la fête de S. Firmin, patron de la tribu d'Amiens. Robert, sur le compte duquel on ne sait rien, se rencontre en 1365 parmi les docteurs en théologie.

Quant à Gilles, Tritheme assure qu'il se fit moine bénédictin. Naudé l'a regardé comme un grand médecin. A la vérité, il a écrit en vers suivant la manie de ce temps sur *la Vertu des médicamens,* mais son ouvrage n'est qu'un misérable poème soit pour le fond soit pour la forme, car il ne connoissoit ni la matière qu'il traitoit, ni la mesure, ni la quantité des syllabes ; on le garde ms. à Lipsick. Le traité *de pulsibus et urinis* n'est pas plus lumineux ; on le trouve à la bibliothèque du roi. Les autres productions sont intitulées *de re medicâ tractatus varii, — tractatus philosophici, — in Aristotelem tractatus, —* le tout ms. Voiez *Bibliot. bibliothecarum,* t. 2.

* Du Boulay, *Hist. universit.*

CAULAINCOURT

Caulaincourt, auteur d'une *Chronique de Corbie,* vivoit dans le xve siècle. Il a poussé ses recherches depuis l'an 622 jusqu'en 1529 [1].

1. Antoine de Caulaincourt, mort en 1536, fut official et cellerier des eaux de l'abbaye de Corbie. On trouve une étude sur cet auteur et sur son œuvre dans la grande histoire manuscrite de Corbie (H. Cocheris, *Notices et extraits des documents manuscrits relatifs à l'histoire de la Picardie,* I, 550.) Dans son *Catalogue des manuscrits de la bibliothèque d'Amiens,* J. Garnier dit, p. 125, que ce religieux avait pour prénom Adrien et, p. 463 du même ouvrage, il lui donne son véritable prénom d'Antoine. Le P. Lelong l'appelle Jean de Caulaincourt. Son histoire de Corbie se trouve à la bibliothèque d'Amiens (Ms. 524) et à la Bibliothèque nationale à Paris (fonds Corbie n° 25 et Suppl. lat. n° 486.)

JEAN DE HEM

Jean de Hem, natif de Corbie, fit profession dans l'ordre des Minimes à l'âge de vingt-cinq ans en 1553 dans le couvent de Nigeon dit des Bonshommes, près Paris*. C'étoit un homme

* *Diarium mininorum.*

d'un mérite singulier. Il avoit reçu de la nature un esprit vif, léger, facile, éloquent, et l'étude le rendit très habile dans les controverses. A ces qualitéz se joignoient une grande piété et un zèle ardent pour le salut des âmes. Montoit-il en chaire ? ses prédications attiroient tant de monde qu'il étoit obligé de prêcher à Paris dans les places publiques ou dans le cimetière des Innocens. Les huguenots, qu'il attaquoit sans cesse dans tous leurs retranchemens, le regardoient comme leur principal ennemi. Pour s'en venger et le perdre dans l'esprit de la reine-mère, Catherine de Médicis, ils persuadèrent à cette princesse que le Minime l'avoit comparée à Jézabel. Sur ce faux rapport, il fut arrêté et conduit à Saint-Germain-en-Laye pour répondre à l'accusation en présence de S. M. Les Parisiens, informéz de sa détention et de la calomniation, demandèrent sa liberté, l'obtinrent et le ramenèrent dans leur ville, où il fut reçu avec une joie universelle. Il entra dans la capitale, dit Pasquier, accompagné de gens de pied et de cheval comme si c'eut été un prince, et, le lendemain, on fit une grande procession en l'église de Saint-Barthelemi pour en rendre grâce à Dieu. Les mêmes bourgeois, jaloux de le fixer au milieu d'eux pour l'édification du peuple, firent casser par le nonce du pape l'élection faitte de ce pieux missionnaire pour gouverner la province de Toulouze. Il assista aux chapitres généraux tenus à Gênes en 1559 et trois ans après à Valence, et il eut des voix pour être général. A son retour, il présida aux études de Nigeon pendant peu de temps. Comme il annonçoit la parole divine dans l'église de Saint-Jacques de Lagny, il fut frappé de la peste, qui l'enleva le 6 décembre 1562. Son corps fut apporté à Saint-Jacques de la Boucherie, à Paris, où il avoit commencé de prêcher l'avent, et de là, le 16 du même mois, au couvent de Nigeon, où il fut enterré près du grand autel. Les Parisiens vouloient lui faire dresser un sépulcre de marbre, mais les religieux s'y refusèrent et permirent seulement de mettre sur le lieu où il repose une simple tombe avec sa représentation gravée et cette épitaphe :

Spretis illecebris mundi, carnisque severæ
Addictus vitæ, religionis amans.
Moribus, eloquio Christum vitâ que professus,
Alter ut Elias, Paulus et alter adest
Hærescon contrâ grassantia semina, nullo
Non spretis gladiis, buccina clara loco
Præsidium populi misernutantis, amorque
Regum et magnorum, cura, timorque virûm.

ANTOINE CRAPPIER

Antoine Crippard ou Crappier, né au village de Caix, n'est connu que par cet ouvrage renseigné par la Croix du Maine et Duverdier, *la Diablerie d'Appelles,* c'est-à-dire la calomnie ou autrement une remontrance qui prouve qu'il ne faut pas légèrement ajouter foy aux faux rapports. Cette traduction françoise du grec de Lucien parut à Lyon chez Claude Marchand, en 1551, in-8°[1].

1. Voici le titre exact de cet ouvrage : « La Diablerie d'Appellés, c'est-à-dire la calomnie, ou autrement une remonstrance fort excellente, là où est clerement monstré qu'il ne faut croire à la volée à faux rapports, composée en grec par Lucien, et depuis traduite en françois par Antoine Crappier. » *Lyon, Claude Marchant, 1551, in-8°.*

ADRIEN BRUNUS

Adrien Brunus naquit à Corbie et quitta le monde de bonne heure pour entrer à Paris dans la compagnie de Jésus l'an 1575 à l'age de vingt-trois ans*; il y professa quelque temps les humanitéz, et, après avoir prêché dans différentes villes avec applaudissement, il mourut le 2 juillet 1599[1]. Ses écrits ont pour titres : *Hymni varii et Odæ; Le délassement de l'esprit* en vers françois en faveur des amateurs de la poésie pour l'instruction de la jeunesse.

1. A Lille.

CHRISTOPHE VRAYET

Christophe Vrayet, natif du même lieu, embrassa l'état ecclésiastique. Il étoit prêtre lorsqu'en 1629 il présenta à Henri de Lorraine, premier pair de France, archevêque-duc de Reims, légat-né du Saint-Siège, abbé-comte de Corbie, une pièce de vers latins sous ce titre : « Ad advenam, de reclusorio, et vocatiane beatæ Colettæ virginis Corbeianæ, SS. Francisci, et Claræ ordinum reformatricis meritissimæ. » Elle

* Allagambe, *Bibl. Soc. Jésus.*

est précédée de 16 vers où il témoigne sa reconnoissance des bienfaits qu'il avoit reçus de son Seigneur ; il y dit :

Qui memor est grati, si forté rependere grates
Negligit, ingratum gratia spreta facit.

Entrant ensuite en matière, il fait la description de l'oratoire où prioit Ste Collette dont il décrit les actions, les mœurs et les vertus.

PIERRE PILAGUET

Pierre Pilaguet, né à Corbie, étoit en 1524 docteur et professeur en droit dans l'université de Paris.

JACQUES BAROT

Jacques Barot, peut-être Baron, chronographe et moine de Corbie, vivoit au commencement du dix-septième siècle. Cet auteur, fautif sur l'antiquité, est plus exact sur l'histoire moderne. *(Acta SS. ordin. S[ti] Bened.)*

JACQUES WAUQUET

Jacques Wauquet s'occupa pendant une grande partie de sa vie aux antiquitéz et se fit dans ce genre une réputation peu commune. Nous ne connaissons aucune des productions de ce respectable ecclésiastique que des mémoires manuscrits qu'il composa étant curé de Saint-Étienne de Corbie contre les Caritables de la même ville. En 1710, il a copié sur l'original la chronique de l'abbaye, dont le sieur Vilman, chanoine d'Amiens, m'a donné communication. Ce pasteur zélé étoit bachelier en théologie de la faculté de Paris.

CHARLES DE LA RUE

Charles Delarue[1], né à Corbie le 12 juillet 1684, conçut de bonne heure le dessein de se consacrer à Dieu d'une manière particulière en embrassant la règle de S. Benoît. Il fit profession le 21 novembre 1703 dans l'abbaye de Saint-Faron de Meaux, de la congrégation de Saint-Maur. Ses grandes dispositions à l'étude le firent briller dans ses humanitéz, et il ne se distingua pas moins dans la philosophie, la théologie et dans l'étude du grec et de l'hébreu. Le savant dom Bernard de Montfaucon l'attira auprès de lui en 1712, le guida dans la carrière des sciences et lui communiqua ses lumières. Le disciple en profita si bien qu'en peu de temps il devint lui-même en état de servir de maître aux autres. La mort précipitée de dom Vincent Thuillier, son ami intime, le frappa du même coup. Son esprit et son corps en furent affligéz, une fluxion de poitrine le mit aux portes de la mort, et il ne s'en retira que pour languir plus longtemps. Son zèle pour le travail lui fit en quelque sorte oublier l'altération de sa santé, mais, étant à la campagne, il fut frappé d'une paralysie subite sur tout le côté droit. On le rapporta à Paris dans l'abbaye de Saint-Germain-des-Préz, où il mourut le 5 octobre 1739. Il avoit un jugement exquis, joint à un esprit élevé, pénétrant, délié, net et facile. Tous ses confrères le regrettèrent, ainsi que nombre d'amis de distinction que son mérite lui avoit acquis.

Origenis opera omnia quæ græcè et latinè tantum extant, et ejus nemine circumferentur ex variis editionibus et codicibus manu exaratis. Paris, apud Jacob. Vincent, in-fol., 2 vol. 1733. Outre sa traduction latine, l'auteur y a joint des notes, des tables très amples, la vie d'Origène et plusieurs dissertations. Dom Bernard de Montfaucon avoit donné en 1713 ce qui nous reste des hexaples d'Origène ; avant lui, M. Huet, évêque d'Avranches, avoit publié les commentaires du même sur l'Écriture sainte, mais ces éditions laissèrent à désirer une collection exacte et complette de ses ouvrages à l'exception des hexaples. Dom Montfaucon, détourné de ce projet par d'autres travaux, jetta les yeux sur notre auteur, dont il connoissoit le zèle et la capacité. Celui-ci répondit à ses vues. L'ouvrage, dédié au pape Clément XII, est exact, travaillé avec l'érudition convenable suivant le témoignage des docteurs de Sorbonne. Le Saint Père, par reconnoissance, envoia à dom de la Rue deux de ses médailles, l'une d'or, l'autre d'argent, et l'honora d'une lettre très obligeante écrite par le cardinal Firrao au nom de Sa Sainteté. La traduction du grec du livre contre Celse est de dom Vincent Thuillier. Dans le préambule de ce livre, dom de la Rue parle de Celse, du temps auquel a été écrite cette apologie de la religion chrétienne et des éloges qu'on a faits. Ces deux volumes eurent tout le succèz qu'on en pouvoit espérer. Dans la préface du premier, l'éditeur réfute l'opinion de ceux qui croient que les écrits d'Origène ont été altéréz et corrompus par les hérétiques ; deux index très amples, l'un des passages de l'Écriture, l'autre des choses mémorables, terminent ce volume et les suivans. A la tête du second, on trouve une dissertation sur la manière dont Origène expliquoit l'Écriture sainte. Le troisième étoit en état d'être imprimé en 1737, mais, arrêté par la maladie et ne pouvant plus soutenir une forte application, il chargea du reste dom Vincent de la Rue, son neveu, qu'il avoit fait venir à Saint-Germain-des-Préz pour partager avec lui ses travaux et en être aidé. Ce volume parut en 1740 chez Debure l'aisné. A la fin de la préface, l'éditeur a mis un abrégé de la vie de son oncle, si recommandable par les qualitéz du cœur et de l'esprit[2]. Le quatrième comprend la fin des commentaires d'Origène sur le Nouveau Testament avec les traitéz qu'on lui a faussement attribuéz, et le tout est terminé par le célèbre *Origeniana* de M. Huet. Le 5e finit par la vie d'Origène et par des dissertations sur les sentimens qui, de son vivant, ont causé de grands troubles dans l'Église et de plus grands encore après sa mort. A la tête de chaque traité d'Origène, l'éditeur prévient le lecteur par un avertissement sur tout ce qui peut regarder l'ouvrage présent : il décide, par exemple, s'il est véritablement de l'auteur, le temps où il a été écrit, l'état où il se trouve actuellement, le jugement qu'en ont porté les anciens auteurs ecclésiastiques, les éditions qu'on a faites, les endroits d'où l'on a tiré les fragmens qui nous en restent.

Depuis plusieurs annéez, Charles de la Rue avoit entrepris

un ouvrage françois fort intéressant sur les antiquitéz ecclésiastiques, mais, par défaut de santé, il en abandonna encore l'exécution à son neveu.

1. Lisez Charles-Vincent de la Rue; le P. Daire a confondu ses prénoms avec celui de son neveu dont il sera parlé plus loin.

2. Voy. *Mercure de France,* 1739, décembre, t. Ier, p. 2886.

NICOLAS BOILEAU

Nicolas Boileau (Boileus), chanoine de Fouilloy, mit au jour, en 1631, des vers latins à la louange des *Miscellana* d'Antoine Droulin, à la tête desquels on les rencontre; ils sont supportables, mais ceux qu'il y a joints en françois sont absolument pitoiables.

JOSEPH-ANTOINE VRAYET

Joseph-Antoine Vrayet, né à Corbie en 1694, se livra à l'art de soulager les infirmitéz de ses semblables, et parvenoit souvent à les guérir par l'étendue de ses connoissances et l'assiduité de ses visites. Sa réputation lui mérita une place à l'académie d'Amiens, et le bienfaiteur-né de l'humanité souffrante mourut universellement regretté le 21 août 1758.

CHARLES-VINCENT DE LA RUE

Charles-Vincent de la Rue, neveu du précédent, naquit également à Corbie l'an 1707, et embrassa, comme son oncle, la règle de Saint-Benoît, dont il fit profession dans la même congrégation de Saint-Maur en 1725. Rien ne prouve mieux le bon emploi qu'il fit de son temps que les ouvrages qu'il a rendus publics contre ceux dont on vient de parler dans la vie de son oncle; il a donné le second et le troisième volume à la suite du premier publié en 1742 par dom Pierre Sabbatier sous ce titre : *Bibliorum sacrorum latinæ versionis antiqua, seu vetus Italica* [1] ; la mort l'enleva le 29 mars 1762.

1. Reims, 1743-1749, 3 vol. in-fol.

DOTTIN

Dottin, maître des postes au village de Villers-Bretonneux, publia en 1771 un mémoire sur la culture des pommes de terre insérée dans les *Affiches de Picardie*, n° 52.

SOYER

.... Soyer, cultivateur au Hamel, près de Corbie, a inventé en 1783 une pelle entôlée destinée au nettoiement des grains que l'humidité expose à la germination. Cet instrument consiste en un manche de pelle terminé par un cadre en bois auquel sont adaptéez deux plaques de ferblanc trouéez faisant l'office de rape. L'inventeur substitue ce moien ingénieux aux pelles ordinaires destinéez à remuer les bleds. Le comité de l'école de boulangerie le croit utile dans la manutention des greniers parce qu'elle remue le grain, en détache la poussière et les œufs des insectes qui y adhèrent; en conséquence, il en a approuvé l'invention.

GRAINCOURT

Graincourt, né ...., s'apperçut de bonne heure, ou plutôt les dessins que son imagination lui fournissoit firent connoître aux amateurs qu'il iroit loin dans la peinture. Le cardinal-duc de Luynes, abbé de Corbie, l'honora de sa protection et se l'attacha par une pension de .... Animé par les artistes et les connoisseurs, il entra dans la carrière en 1779 ; il exécuta à la mine de plomb et sur vélin un dessin allégorique en l'honneur de l'intrépide comte d'Estaing. La collection en 12 cahiers des *Hommes illustres de la marine françoise,* à laquelle il a joint *leurs actions mémorables et leurs portraits,* lui a mérité le titre de peintre et dessinateur du roi, à qui l'ouvrage a été présenté, ainsi qu'à la reine et à la famille roialle. Il est chargé de faire les tableaux de ces deffenseurs de la patrie, et l'on doit en former une galerie dans le dépôt de la marine. Le portrait de l'éminence archevêque de Sens est une des plus belles imitations de la nature. Cet artiste supérieur n'excelle pas moins dans la migniature.

Graincourt n'a adopté ni plan ni méthode ; le hasard semble présider à son travail. L'introduction contient le détail des manœuvres de la marine. Les précis historiques sont inférieurs aux dessins et ne paroissent être que des fragmens des histoires différentes. Ainsi que d'autres artistes, son style est foible, incorrect, familier et plus que dur ; des anecdotes curieuses embellissent le recueil et le rendent intéressant. Les portraits sont d'une belle exécution, le dessin en est correct, la gravure agréable, mais la partie des cheveux est un peu grise à l'exception du portrait du duc de Beaufort ; au surplus, ces estampes sont dignes de trouver leur place dans les plus belles collections de ce genre.

Graincourt. *Journal de Paris*, 1780, pp. 377, 509, 773, 1137.

Graincourt distribuera gratis un 9e cahier aux souscripteurs.

Graincourt fournira un 9e cahier, et des renseignemens le mettent à portée de continuer son ouvrage jusqu'au règne actuel.

Graincourt. *Les hommes illustres de la marine françoise, leurs actions mémorables et leurs portraits*. Cet abrégé de l'histoire de la marine est extrait des auteurs les plus dignes de foy ; on y a joint un précis de l'histoire particulière de ceux dont on donne les portraits d'après les mémoires et les titres confiéz par les familles ; on n'y présente que des faits constatez, l'exacte vérité étant le seul hommage digne d'être offert à des héros françois. Les portraits ont été dessinéz avec le plus grand soin d'après les tableaux originaux. L'ouvrage est divisé en 8 cahiers dont chacun, orné de 2 gravures, est d'environ 4 feuilles d'impression in-4° [1].

1. V. plus loin aux Pièces justificatives.

PIÈCES JUSTIFICATIVES

Carta quâ Fulco abbas Corbeiensis conqueritur coram Alexandro papa contrâ Guidonem episcopum, qui contradicebat juribus Corbeiensium. *(Gallia christ.* anno 1061.)

Episcopus abbatem Corbeiensem ad sinodum invitat (*Ibid.*, circà 1061.)

1061. Querela Fulconis abbatis Corbeiensis de Guidone episcopo Ambianensi ad summum pontificem Alexandrum *(Gal. chr.)*

Episcopus abbatem Fulconem ad synodum invitat sub pænâ excommunicationis. *(Ib.)*

Versùs 1121. Littera Philippi Flandrensium et Viromandurum comitis pro monasterio Corbeinsi. (*Collect. Martini et Durandi,* p. 851.)

Versùs 1158. Epistola Alexandri papæ III ad Sylvanectensem episcopum, et abbatem S[ti] Remigis ut fratres Corbeienses restituant decimam abbatam fratribus sanctæ Mariæ de Brama *(Concil.,* t. X).

Epistola ejusdem ad abbatam Corbeienses et monasterio de Brana decimam ablatam restituant. *(Ibid.)*

716. Ad Chilpericus rex, confirmat immunitates monasteri Corbeiensis.

Hujusdem epistolæ, Corbeiensi abbati directa de jure archiepiscopi Remensis in burgo Corbeiensi monasterio adjacent.

1016. Judicium Roberti regis contrà Efroydum Encrensem abbatiæ advocatum. (Brussel, *Usage des fiefs*, p. 727.)

1041. Judicium Henrici regis contrà Gualteram Efroydi successoram (Daniel, *Hist. de Fr.*, in-fol., p. 1034.)

1056. Judicium Balduini comitis Flandriæ contrà Gualterum Encrensem. (Mabil., *Annal. bened.*, t. 4, p. 568.)

1050. Ejusdem papæ epistola ad Widonem episcopum Ambianensem : jubet ut desistat ab inquietatione abbatis et monasterii Corbeiensis. *(Ib.)*

1240. Statuta facta ad mores corrigendos canonicorum Foilliacensium. (Sipicileg., t. 3.)

Epistola Gerardi de Conchy decani Ambianensis abbati Corbeiensi.

1186. Quanto concordia facta est inter illustrem regem Francorum Philippum II, et inter nobilem Philippum Comitem Flandriarum, cum civitas Ambianis quam dictus comes Philippus tennerat ex parte uxoris sue Isabelle Comitisse Viromandensium, civitas Ambianensis devenerit ad jus et ad Dominium dicti regis Philippi ; tunc idem Rex volens scire tenamentum Ambianis elegerunt tempore Herluinum de Waurin Dapiferum Flandriensem, et dictus comes Hugonem prepositum Corbeye viros prudentes et fideles qui jura intruisque discernerent. Et quia comitatus Ambianis inter duos Comitatus situs est : videlicet Pontivensem et Comitatum Corbeye qui fuit Gollandi Comitis et Frodini de Ursino, precepit Rex ut homines patriæ antiquiores et prudentiores ad hoc discernendi vocarentur. Convenerunt igitur ad certum diem et ad certum locum, scilicet Johannes Comes Pontivi, Walterus de firmitate Sancti Richarii, Bernardus Sancti Walarici, Wermondus quartus *Wicedominus de Pinconio,* Drogo de Vinacourt, Petrus de Canaples frater ejus, *Hugo de Encra Campdavainne secundus,* Radulphus Campdavainne Castellanus Corbeye, Wido de Biauval Camdavainne frater ejus, Balduynus de Dours secundus, Robertus de Naours, et Ingerannus filius ejus, Bernardus de Baretangle, Alerandus de Walloy, Gervasius miles de Walloy, et multi alii.

Adhoc etiam interfuit vir venerabilis Goffo Abbas Corbeye, cum monachis suis ; videlicet, Gervasio, Gossuyno et Anschero, et portavit secùm dictus Abbas cartas Lotharii regis et Sancte Balthildis matris ejus et munimenta de fundatione Corbeyensis Ecclesie. Et per inspectionem dictarum cartarum certificati sunt de Dominio Comitatus Ambianis Pontivensis et Corbeyensis, sicut patet in scriptis que adhuc in dictâ ecclesiâ conservantur. Itaque scripta et munimenta ecclesie testantur quod Viconia foresta erat de feodo Frodini, et inciprebat à sidere qui dicitur l'*Estoile* super sommam et veniebat usque Outrebos ad quandam salicem super altiam fluvium; et inde usque ad Durlendium; et inde usque ad locum ubi nascitur altia usque ad feodum de Pas, et usque ad Luceium in pago Atrebatensi; et inde usque ad Fouconvileris, Buienvileris, usque ad Buscoi, usque ad feodum de Bapaumes et de Miraumont, Martinpus, Pozieres et quarta pars de Longueval, Fruiecourt, Montauban.

ALIUD FEODUM

Item feodum Corbeyensis ecclesie quod fuit Gollandi Comitis Corbeyensis, incipiebat à sidere que est l'*Estoile* super sommam, Warluis, Warbusians et medietas d'Arainnes, cum appendiciis earum, et aliis sibi adjunctis, per antè Ambianis et Brebieres super sommam usquè ad Corbeyam; et indè usque ad Brenum et Sezane et usque ad Basentin.

Item de feodo Gollandi Comitis; videlicet Naours cum appendiciis, edificiis suis, et aliis sibi adjunctis, et quidquid est super fluvium Naurde ex utrâque parte, Waregnies, Canaples, Woinas, Hornas, Havrenas, Warlius, Halois, Vinacourt, Thalemas, Vileris, Baretangle, Biaucaisnes, Kirriux, Ferchencourt, Baconviller, Branleirs, cum appendiciis, et edificiis earum ubicumque jaceant.

Et sciatur quod Branleir, Festoval, cum appendiciis de Baconviller, Malis cum appendiciis sibi adjunctis, est de appendiis Banconviller, de Aceuz; Aceuz cum appendiciis, Heudoville, Forchevile, Warlois, Wadencors, Louvencors, Bertramecours, Courceles, Heroguile, Sanlis, Encra, Aveluis, Autuile, cum appendiciis, Auconvillers, cum appendiciis et edificiis earum et aliis sibi adjunctis. Hoc totum est de feodo Gollandi Comitis Corbeiensis.

Et sub hac formâ renunciatum est Domino regi Philippo, et nobili Philippo Comiti Flandriarum per jam dictum Herluinum et per Hugonem prepositum Corbeye.

Actum anno Domini millesimo centesimo octogesimo sexto, mense junio, tempore Gossonis Abbatis Signum G. Abbatis, S. Herluini Dapiferi Flandrensis. S. Hugonis Corbeye prepositi, S. Johannis Comitis Pontivensis, S. Walteri de firmitate Sancti Richarii, S. Bernardi de Sancto Walarico, S. Vermondi quarti Vicedomini de Pinconio, S. Hugonis Campdavene de Encra secundi, S. Drogonis de Vinacourt, S. Petri de Canaples fratris ejus, S. Widonis de Biauval

Campdavene, S. Roberti de Naours, S. Ingeranni filii ejus, S. Bernardi de Baretangle, S. Balduini de Dours secundi, S. Radulphi Campdavaine Castellani Corbeyensis. Et tale signum habebant isti milites, et alii qui ad hoc interfuerunt.

CHARTE DE RAOUL LE JEUNE, DIT LE LÉPREUX

Qui n'a commencé à paraître dans les chartes qu'en 1163
et qui est mort de la lèpre en 1164

Ego Radulphus, comes Viromandorum, notum facio omnibus tam presentibus quam futuris venisse antè presentiam nostram Johannem Abbatem Corbeie et Rorgonem filium Alberti de Roia pro quàdam commutatione quam intra te fecerant de quadam Villa sancti Petri Corbeie, que dicitur Moncis, inter duo Castella Cosdun et Gornai, super Aronnam fluvium sita et de decima de Rokencort quam Radulphus de Cosdun de nobis tenebat et prefato Borgoni cum filia sua in matrimonium jure hereditario tradiderat. Petierunt itaque nos ut quod assensu Capituli Corbeiensis et concessione prefati Radulphi de Cosdun et Hugonis filii ejus communiter utrobinque pro communi utilitate inter te fecerant nos quoque quia de feodo nostro decima erat concederemus. Consideranter itaque nichil dominationi nostre imminui sed augeri si pro decima que per multa loca dispersa est villa bona et munita in nostrum feodum transfunderetur, gratanter quod postulabant concessimus. Et ne à succesoribus nostris aliquorum malignantium prava machinatione super hoc inquietari valeant concessionis nostre testimonio et hominum nostrorum qui interfuerunt attestatione et sigilli nostri impressione firmantes perpetuis temporibus ratum fore decrevimus. Testes Albericus de Roia, Wermundus frater ejus. Symon de Faiel. Johannes Cignus. Johannes de Aties. Balduinus de Ham.

CHARTE DE PHILIPPE ET D'ÉLISABETH, SA FEMME

Comte et comtesse de Vermandois, vers l'an 1170

Ego Philippus, Dei gratia, comes Flandrensium et Virmandorum cum venerabili conjuge nostra Elisabeth, notum fieri volo universis, tempore predecessoris nostri Radulphi comitis, commutationem quamdam factam fuisse inter Ecclesiam Corbeie et Rorgonem de Roia de quadam villa Sancti Petri que vocatur Moncis, inter duo castella Cosdun et Gornai super Arunnam fluviolum sita, et de decima de Rokencort cum terra et hospitibus quibusdam et quod ad feodam illum pertinebat, assentiente rego Francie Ludovico de quo Ecclesia villam illam tenebat et Radulpho de Cosdun qui de predicto comite Radulpho decimam cum terra et hospitibus libere in feodo tenebat, et eam Rorgoni supra dicto de Roia cum filia sua in matrimonium tradiderat, ea videlicet conditione ut villa cum omnibus que ad eam pertinebant, excepto altari et decima ejusdem ville et masura una libera ad comitis feodum transièret, et decima de Rokencort cum terra et hospitibus et quod ad feodum pertinet in eleemosina et possessione Corbeiensis ecclesie in perpetuum remaneret. Tempore autem comitabus mei cum ego de predicta villa hominium meum requirerem, Rorgo qui villam tenebat diem à me accepit quo coram me apud Montemdisderium assisteret et Radulphum de Cosdun dominum suum adduceret, qui nisi ea ei guarans idoenus existeret, ipse Rorgo postera mihi faceret de feodo illo quod curia nostra judiceret. Venit dies constitutus. Rorgo Radulphum adduxit, qui nullam ei guarandiam tulit, nec judicrum curie et parium suorum Viromandensium super hoc volens audire, absque licentia, de curia recessit. Rorgo autem taliter a suo domino derelictus, judicio baronum Viromandensium qui astabant, quia guarans sicut debuerat non habuit mihi adjudicatus est, et de manu mea nullo mediante in feodum supra dictam villam Moncis recepit. Rogati itaque ab abbate Corbeie et fratribus, ego et venerabilis uxor mea Elizabeth, propter pacem Ecclesiæ, ne inde futuris temporibus in aliquo gravaretur commutationem, istam taliter prius factam et postea tempore nostro recognitam fuisse testamur et sigillorum nostrorum impressione et fidelium nostrorum Viromandensium attestatione roboramus. Testes Hugo, abbas Sancti Quintini de Monte, Robertus de Bova, Bernardus de Sancto Walerico, Alelmus Ambianensis, Gerardus, vice dominus Pinconiensis ; Bernardus de Morolio, Rorgo de Tornella (Tornella), Adam Rabies de Mondisderio, Nevelo de Villers, Radulphus de Roia et Hugo filius ejus, Symon de Cella et Robertus frater ejus, Albertus de Framervilla, Odo dominus Hamensis, Johannes de Aties, Rorgo de Faiel et Symon frater ejus, Jacobus de Guisa, Fulco de Caroriva.

INSTRUMENTA

Privilegium Clotarii quondam Francorum regis, filii Clodovæi hujus nominis secundi, et beatæ Bathildis reginæ, fundatricis Corbeiensis monasterii. Anno 657, vel 660. *(Gal. christiana.)*

Ejusdem Clotarii regis preceptum alterum quo ateloneis omnibus immune facit cunidem monasterium 662. *(Concilior.*, t. 6.)

Privilegium libertatis monasterio. Corbeiensi concessum Bertefrido episcopo Ambianensi. 6663. *(Ibid.)*

Carta quâ Theodoricus rex Francorum confirmat electionem Eremberti in abbatem Corbeiensem. 681. *(Gal. christ.)*

720. Diploma Caroli Magni confirmativum fundationis. *(Cartul. Corb.)*

Confirmatio possessionum ejusdem monasterii, per Carolum Magnum, imperatorem. 759. (Historic. Galliar., t. 5.)

Earumdem possessionum confirmatio per Ludovicum regem 821. Diploma. (814. Ms. de du Cange, bib. du roi.)

Statuta antiqua abbatiæ Sancti Petri Corbeiensis data ab Adelardo abbate. 822. *(Spicileg.)*

Diploma Ludovici imperatoris et Clotarii filii ejus, in favorem ejusdem monasterii. 825. *(Histor. Galliar.*, t. 6.)

Renovatio privilegiorum ejusdem abbatiæ per Carolum Calvum Francorum regem. Ludovici et Lotharii sancto Adalardo abbate Corbeiensi. 840. (Ms. de du Cange, bib. du roi.)

Approbatio fundationis ejusdem monasterii per synodum Parisiensem. 846. *(Concilior.*, t. 7.)

Confirmatio privilegiorum ejusdem monasterii per Benedictum III, summum pontificem. 855. *(Spicileg.*, t. 3.)

Diploma Caroli Calvi pro eodem monasterio. *(Collect.* de Martenne et Durand, t. I.)

Epistola Benedicti III, papæ in confirmationem privilegiorum Corbeiensis monasterii. 857. *(Concil.*, t. 8.)

869. Epistola Alexandri papæ III Henrico archiepiscopo Remensi, ut Corbeiense monasterium sub suà capiat protectione. *(Ibid.)*

Epistola Nicolai papæ I, ad Trasulphum abbatem Corbeiensem, confirmationem privilegiorum monasterii continens.

Eorumdem privilegiorum confirmatio per regem Ludovicum. 874. (Ms. de du Cange, bib. du roi.)

Carolus Calvus confirmat regum et episcoporum privilegia Corbeiensi abbatiæ collata. 877, *(Spicileg.,* t. 3.)

681. Confirmatio electionis Eremberti abbatis Corbeiensis. (*Gal. christ.*)

Statuta antiqua ejusdem abbatiæ. 822. (*Spicileg.*).

Carolus simplex, Francorum rex confirmat privilegia ejusdem abbatiæ. 901. (*Ib.*)

Diploma Christophori papæ in confirmationem privilegiorum ejusdem monasterii. 906. (*Concilior.*, t. 9.)

Confirmatio privilegiorum Corbeiensis monasterii per regem Hugonem. 987. (*Gall. christ.*)

Epistola Leonis papæ IX ad Fulconem Corbeiensem abbatem, in cujus gratiam Corbeiensis abbatiæ privilegia confirmat. 1050. (*Concilior.*, t. 9.)

Epistola Alexandri papæ II, ad Gervasium Rhemensem archiepiscopum in quâ summus pontifex explicat cur monasterium Corbeiense ab episcopo exemerit (*Ibid.*)

Judicium Bartholomæi episcopi Laudunensis quo Lehunensium monachorum terra Caix a Roberto abjuratur. 1131. (*Spicileg.*)

1142. Bulla quâ Innocentius secondus confirmat possessiones abbatiæ Corbeiensis.

Bulla quâ Alexander III, summus pontifex protegit abbatiam Sancti Petri Corbeiensis. 1172. (*Gal. christ.*)

Extensio communiæ Corbeiensis per Philippum I, Galliarum regem concessa. 1181.

Permissio fabricandi monetam abbati Corbeiensi confirmata per Philippum Augustum. 1185. (*Ib.*)

Processus verbalis de limitibus comitatûs Corbeiensis. 1186.

1189. Charta quâ Philippus Augustus confirmat possessiones abbatiæ Corbeiensis.

1194. Charta de rebus Corbeiensibus. (*Ibid.*)

Bulla quâ Celestinus III confirmat possessiones hujusdem monasterii. (*Cartul. Corb.*)

1198. Epistola Nicolai papæ I, in favorem abbatiæ Corbeiensis. (In decretalibus.)

Epistola Innocenti papæ III, in favorem ejusdem abbatiæ. (*Ibid.*)

1200. De repressà advocatorum Corbeiensis monasterii violentià. (*Collect.* Mart. et Durand.)

1211. Fundati duarum præbendarum in ecclesiâ sancti Matthæi de Foilliaco. (*Spicileg.*, t. 3.

1221. De cappellaniâ de Villers-Bretonneux. Ego Ægidius, miles, dominus de Villers le Bretonneux, notum facio quod ego ad quondam capellaniam de Villers instituendam resignavi in manu domini Ambianensis ad festum sancti Remigii annuatim percipiendas, ità tamen quod ego vel heres meus sex libratas redditus assignavero sufficientes de concilio domini episcopi prædicti et capituli Ambianensis, ad usum dictæ capellaniæ dicta censa a solutione memoratarum sex librarum libera remanebit. De hiis véro omnibus observandis fidem dedi, et ad hoc meum obligavi heredem. Sciendum est autem quod dilecto Nicholao decano de Gentellâ ex parte episcopi præfati apud Villers propter hoc misso, Gila uxor mea et Hugo filius meus, præfatos redditus ex parte prædicti episcopi ad usum præfata capellaniæ benigné concesserunt, et in manu suâ resignaverunt, et de iis omnibus observandis fidem dederunt. Prætereà sciendum est quod in manu sæpé dicti episcopi, ad usum prædicta capellaniæ prædictis redditibus à me resignatis, prædictus episcopus præfatos redditus ad usum præfatæ capellanik, decano et capitulo Ambianensi reddidit ad quos jam dictæ capellaniæ in perpetuum donation permanebit. In cujus rei testimonium præsens scriptum sigillo mea roboravi. Actum anno Domini 1221, mense januario. (*Cart. episc. Amb.*)

1224. De collatione parochiarum de Villari le Bretonneux, de Ribemont, de Plessiaco, de Heilliaco, de Folliaco et decima de Hangest. — Gaufridus, Dei gratiâ Ambianensis epicospus, omnibus ad quos litteræ præsentes pervenerint, æternam in Deo salutem. Noverit universitas vestra quod cum vir venerabilis Radulphus, quondam archidiaconus Pontivensis altaria Ste Mathæi de Folliaco, de Villari le Bretonneux, de Heillaco, de Ribemont et de Plessiaco, cum jure patronatus et omnibus pertinentiis dictarum ecclesiarum et donatione præbendarum sancti Matthæi ne non et quædam decimæ apud Hangest in manu reverendi patris et prædecessoris nostri Evrardi bonæ memoriæ episcopi Ambianensis resignasset, et post modum eidem resignationi sum dedisset assensum vir nobilis Galterus dominus Heilliaci, Ingerannus frater ejus canonicus Ambianensis, uxor quoque et filii et filiæ, et fratres prædicti Galteri, et quicquid juris hereditarii in omnibus prædictis reclamare poterant episcopo et ecclesiæ Ambianensi quittassent et abjurassent de prædictis altaribus et redditibus, communi assensu prædicti episcopi, et capituli nostri, Galteri quoque, Ingeranni, et filiorum ipsius Galieri, sicut intelleximus, ordinatum est in hunc modum. Quod episcopus Ambianensis patronatum haberet et donationem præbendarum in ecclesià sancti Matthæi de Folliaco, capitulum vero Ambianense haberet collationem præbendarum quatuor aliorum ecclesiarum in perpetuum. Proventus autem dictorum altarium et decimæ de Hangest assignati et concessi sunt domino Ingeranno prædicto et duobus filiis ispsius Walteri, Theobaldo et Roberto, quandiù viverent in sæculo. Ità videlicet quod decedenta ipsa Ingeranno, portio quam tenebat integré ad capitulum deveniret. Et si portio illa non valeret centum viginti libras, de aliis partibus ipsi capitulo ab episcopo suppleretur defectus, et distraheretur si plus valeret : de hiis autem redditibus centum viginti librarum institui debent a capitulo ad servitium nostræ matris ecclesiæ duodecim vicarii annui, percipientes de summâ prædictâ septuaginta duas libras, antiquo et consueto vicariorum numero non propter hoc diminuto. Quod autem de prædictâ summâ remanserit cedit in anniversaria et quotidianæ distributionis augmentum. Decedente vero utrolibet prædictorum Theobaldi et Roberti, partio ipsius decedentis ad episcopum et ecclesiam sancti Matthæi reverteretur. Actum anno Domini 1224, mense augusto. (*Ibid.*)

Ordinationes Gaufridi Ambianensis episcopi pro canonicis sancti Matthæi de Foilliaco. 1233. (*Spicil.*, t. 3).

Bulla quâ Gregorius IX confirmat possessionei abbatiæ Corb. (*Cart. abbat.*)

Carta quâ episcopus Ambianensis Guillelmus de Macon dat capitulo Folliacensi jurisdictionem in canonicos vicariaos. 1281. (*Gal. christ.*)

1282. Littera quâ Philippus rex approbat compromissum inter abbatiam et communiam Corbeiensem super diversas quæstiones. (*Cart.*)

Statuta hospitalariæ domûs Corbeiensis data per Garnierum abbatem. 1294. (*Gal. christ.*)

1296. Sententia arbitrum super quæstiones agitatas. (*Cart.*)

Philippus rex invitat ad bellum contrà Anglos et comitem Flandriæ abbatem Corbeiensem. 1297. (*Gal. chr.*)

1306. Vidimus processus inter abbatiam et communiam. (*Cart.*)

Carta quâ Robertus Ambianensis episcopus recognoscit jurisdictionem abbatiæ Corbeiensis et ejus exemptionem a jurisdictione episcopali. 1316. (*Ib.*)

1346, 23 nov. Carta quâ Philippus rex quittat abbatiam Corbeiensem a servitio tempore belli. (*Cart. abbat.*)

1400. Carta quâ Carolus Francorum rex confirmat jurisdictionem abbatiæ Corbeiensis. (*Gall. chr.*)

Arestum Parlementi, declarans quod dictum monasterium regalis fundationis erat. 1400. (*Cartul.*)

Lettres patentes de confirmation des possessions de l'abbaye par Louis XII. 1499. (*Ib.*)

Monsieur,

J'ai l'honneur de vous envoyer la note qui me concerne et que vous désirez insérer dans votre *Histoire de Corbie.* Vous êtes fort le maître de rédiger mon article comme il vous plaira. Je vous devrai, Monsieur, beaucoup de reconnoissance et de remerciemens pour votre attention à cet égard et je saisirai avec empressement les occasions de vous les témoigner, ainsy que les sentimens respectueux avec lesquels j'ai l'honneur d'être,

Monsieur

votre très humble
et très obéissant serviteur

Paris ce 17 juillet
1783.

GRAINCOURT.

Antoine-Noel-Benoît Graincourt, né à Corbie le 17 mars 1748 d'Antoine Graincourt, marchand, et de Françoise-Colette Baillet.

Dès sa plus tendre jeunesse, M. Graincourt annonça le goût le plus décidé pour les arts, mais ses parens s'opposèrent toujours à ce qu'il les cultivât. Il fit ses études sous Me Antoine Baillet, son oncle, principal du collège de Corbie. Ayant atteint quatorze ans, on le mit dans la pratique et la suivit à Amiens pendant sept ans. Il vint à Paris en 1769 et travailla au grand Conseil jusqu'à la suppression de ce tribunal, qui le força de retourner dans sa patrie. Le peu de goût qu'il avoit pour le barreau, son penchant naturel pour les arts lui firent alors employer son tems uniquement à la lecture de l'histoire et à l'exercice du dessin. Quoiqu'il n'eût alors d'autre maître que la nature, il dessinoit si correctement que des amateurs ayant vu ses ouvrages lui conseillèrent de retourner à Paris et d'y cultiver ses talens naissans. Il suivit cet avis. Au commencement de l'année 1774, il alla trouver M. Pierre, premier peintre du roy, lequel lui ayant reconnu des dispositions, se fit un plaisir de lui enseigner les premiers principes du dessin. M. Doyen, professeur de l'Académie royalle, l'adopta pour son élève et le fit dessiner dans son atelier et sous ses yeux.

Le peu de fortune de M. Graincourt ne lui permettant pas de cultiver la peinture sans des secours étrangers, il composa un dessin allégorique dont il fit l'hommage à Son Eminence le cardinal de Luynes, abbé de Corbie, en implorant sa protection. Ce prélat, aussy distingué par ses connoissances et son amour pour les arts que respecté par ses vertus, accueillit favorablement notre artiste, l'honora de sa protection et lui accorda une pension de 400 livres pour l'aider à cultiver ses talens. Un travail opiniâtre et assidu, une étude réfléchie de tous les auteurs qui ont écrit sur la peinture, joints à une conduite régulière, lui firent faire des progrès si rapides dans le dessin et dans la peinture qu'à peine trois ans s'étoient écoulés qu'il peignit en grand le portrait de son illustre protecteur, dont ce prélat fit présent à son abbaye de Corbie, où l'on voit ce tableau, qui mérita à l'artiste les éloges les plus flatteurs et les encouragemens du premier peintre du Roy et des artistes les plus savans de l'Académie, qui l'avoient aidé de leurs conseils.

Déterminé à suivre le genre du portrait, M. Graincourt s'y livra tout entier dans les différens genre de peinture. Il s'appliqua surtout au dessin à la mine de plomb afin de devenir plus précieux dans la miniature. Il dessina dans ce genre le portrait du Roy, qu'il fixa sur l'ivoire, difficulté qu'aucun artiste n'avoit encore vaincue. Cet ouvrage fut le premier qu'il osa exposer dans le salon de correspondance pour les sciences et les arts. L'éloge qu'on en fit dans les feuilles du 9 mars 1779 excita en lui la plus noble émulation. Dès lors, il s'occupa à faire renaître sous son crayon et son pinceau les personnages illustres de l'Europe, soit par leurs portraits soit par des allégories. Les Nouvelles de la République des lettres et des arts en font l'éloge et notamment la feuille du 17 août 1779, où il est dit : « Le précieux fini fait reconnoître et toujours applaudir M. Graincourt. »

La guerre sur mer, survenue en 1776, anima le zèle patriotique de M. Graincourt. Il crut que ce qui pouvoit rendre les artistes particulièrement utiles à la société étoit surtout l'avantage qu'ils avoient de transmettre à la postérité l'image des grands hommes. D'après ce principe, il pensa que le moyen d'exciter l'émulation parmi les jeunes officiers de la marine étoit de leur faire connoître les portraits des plus célèbres marins françois. Etant parvenu par les recherches les plus fatigantes et les plus exactes à se procurer leurs tableaux originaux, il en fit graver dix-sept d'après ses dessins, et composa l'ouvrage intitulé : *Les Hommes illustres de la marine françoise*, qu'il eut l'honneur de présenter au Roy et à la famille royale*. Cet ouvrage contient l'abrégé de l'histoire de la marine depuis la fin du règne de Louis XIII jusqu'à celui actuel. Il est d'ailleurs parsemé d'anecdotes qui le rendent curieux et intéressant. Voici ce qu'en dit le *Mercure* du 9 mars 1782, après avoir fait l'éloge de la collection d'estampes : « Quant à l'ouvrage, son principal mérite n'est peut-être ni dans le plan ni dans la forme, mais il est dû beaucoup d'encouragement à un citoyen qui n'a épargné ni travaux ni dépenses pour faire un ouvrage patriotique. Instructif dans tous les tems, particulièrement utile dans le

* V. *la Gazette* du 23 février 1780.

moment présent, capable d'inspirer cette émulation généreuse qui produit les grandes choses et d'animer l'amour de la patrie et de la gloire par tous les motifs que fournissent et l'honneur et l'exemple. D'ailleurs, l'auteur a puisé dans les sources pures et fécondes; le dépôt de la marine lui a été ouvert par ordre du gouvernement*. »

(N. B. Je ne rapporte point ce que disent les journaux de Bouillon, de Paris et les Affiches de provinces, notamment celles de la Picardie, parce qu'elles font de cet ouvrage un éloge trop flatteur qui n'est à coup sûr que l'effet de l'indulgence.)

Depuis la construction de l'hôtel de la guerre à Versailles en 1759, le gouvernement avoit conçu le projet d'y placer les portraits des ministres et ceux des princes-amiraux et maréchaux de France de la marine qui auroient commandé les armées navales, mais on n'avoit pas pu se procurer les tableaux originaux pour en faire tirer copie. Malgré les peines et les recherches extraordinaires qu'il prévoyoit être dans le cas de faire, M. Graincourt entreprit ce projet en 1780 et vint à bout d'exécuter et de compléter cette collection. Elle est composée de quarante tableaux ou portraits peints à l'huile commençant par le cardinal de Richelieu et finissant au ministre actuel. Ces tableaux sont encadrés dans des bordures ornées de lauriers pour les militaires et de feuilles de chêne et d'olivier pour les ministres. Il y a deux cartels à chacune; sur l'un est inscrit les nom, date de naissance et de mort de celui que le portrait représente, et sur l'autre cartel, le précis historique de ses principales actions.

Cette collection intéressante fera époque dans le règne de Louis XVI. Elle est placée dans le dépôt général de la marine à l'hôtel de la guerre à Versailles. C'est un monument qui fait honneur aux ministres sous lesquels il a été commencé et continué, ainsi qu'à l'artiste qui l'a exécuté.

* Cet ouvrage in-4°, orné de 17 portraits, se vend 36 l. chez M. Graincourt, rue St-Martin, n° 117.

ADDITION

Page 151, ligne 21, ajouter :

Jehan de Brunvillers, écuyer, seigneur du Plessier, fournit le dénombrement de cette terre à Valeran, seigneur de Moreuil, de Poix et de Mareuil, le 31 mai 1441 ; elle consistait alors en manoir et chastel, douze vingt journaux de bois, un moulin à vent banal, un moulin à waude, un four banal, seize vingt journaux de terre ahennable, trente journaux d'avesnes, etc. (Archives de famille de Mlle Marie-Anna de Cambray-Digny, de Florence (Italie), provenant de son arrière-grand-oncle, le comte Jean-Baptiste de Cambray, dernier seigneur du Plessier, de Démuin et de Villers-aux-Érables, décédé au château de ce dernier village le 26 février 1822. — (Une partie de ces archives a été offerte, sur notre demande, à la Bibliothèque d'Abbeville par Mlle de Cambray-Digny.)

Bibliographie : *Notice sur le Plessier-Rozainvillers,* par l'abbé A. Marchand. Abbeville, impr. du *Cabinet historique de l'Artois et de la Picardie,* 1889. In-8°, VI-93 pp., 2 pl.

Table des Matières

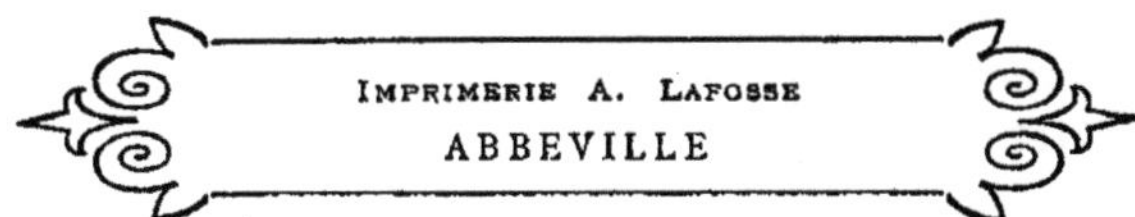
IMPRIMERIE A. LAFOSSE
ABBEVILLE

PRINCIPAUX OUVRAGES DU MÊME AUTEUR

Ignaucourt et Aubercourt. 1881. In-8.
L'Œuvre historique et archéologique de M. E. Prarond. 1881-1909. 2 vol. in-8.
Boucher de Perthes, sa vie, ses œuvres, sa correspondance. 1885. In-8.
Catalogue analytique des manuscrits de la bibliothèque d'Abbeville. 1885. In-8.
Millevoye, sa vie, ses œuvres. 1886. In-8.
La vallée du Liger. 1887. In-8.
Deux années d'invasion en Picardie (1635-1636). 1887. In-8.
La guerre de Trente ans en Artois. 1890. In-8.
Les Vilains dans les œuvres des trouvères. 1890. In-12.
Monographie d'un bourg picard. I. Introduction à l'histoire de Démuin. II. L'histoire de Démuin. III. Tradition populaire de Démuin. IV. Petit glossaire du patois de Démuin V. Nouvelles et légendes recueillies à Démuin. 1890-1895. 5 vol. in-8.
Les reliures artistiques et armoriées de la bibliothèque communale d'Abbeville. 1892. In-4.
Le mémorial d'un bourgeois de Domart (1634-1655). 1892. In-8.
Excursions historico-archéologiques dans le bas-Santerre. 1893. In-8.
Notices et choix de documents inédits sur la Picardie. 1893-1896. 2 vol. in-8.
Le livre de raison d'un maïeur d'Abbeville. 1894. In-8.
Le maréchal de Mailly. 1895. In-8.
Fransart et ses seigneurs. 1895. In-8.
Catalogue des manuscrits des bibliothèques de Péronne, Ham et Roye. 1898. In-8.
Mélanges d'histoire locale. 1901. In-8.
Souvenirs de l'invasion ; épisodes et nouvelles patriotiques. 1903. In-8.
Un mois à Bruxelles. 1905. In-8.
Ede quoi rire à se teurde. Contes en patois picard du Santerre. 1905-1911. 4 vol. in-8.
Blason populaire de la Picardie. 1906-1910. 2 vol. in-8.
Petite histoire d'Abbeville. 1907. In-8.
Trois épisodes militaires de la guerre de Cent ans. 1908. In-8.
Géographie de la Somme. 1909. In-8.
Petite grammaire du patois picard. 1909. In-8.
Monographie de Crécy-en-Ponthieu. 1909. In-8.
Vieilles coutumes amiénoises disparues. 1909. In-8.
Menus faits historiques des villes d'Eu et du Tréport. 1910. In-8.
Histoire générale des communes de France. Monographies de Démuin, de Tully et Villers-Bretonneux. 1910. 3 vol. in-8.
Emile Coët ; notice biographique. 1910. In-8.
A la mémoire de M. Ernest Prarond. 1910. In-8.
Dictionnaire picard, gaulois et françois, par le P. Daire. 1911. In-8.

En préparation

Les doyennés du P. Daire. (2 vol. in-4).
Glossaire des archives municipales d'Abbeville.
Louis XI et l'échevinage d'Abbeville.
Traditions populaires de la Picardie.
Le maréchal d'Esquerdes, capitaine d'Abbeville)

www.ingramcontent.com/pod-product-compliance
Ingram Content Group UK Ltd.
Pitfield, Milton Keynes, MK11 3LW, UK
UKHW022045190726
13855UKWH00002B/410